Unterrichtswerk für den Lateinunterricht

scriptorium I
SCHÜLERARBEITSHEFT

Renate Albler
Walter Siewert

Ernst Klett Schulbuchverlag Leipzig
LEIPZIG STUTTGART DÜSSELDORF

Inhalt

caput I
1.1	Familia Pomponia	5
1.2	Lauter Verben	6
1.3	Eine Knobelaufgabe – Was macht Spaß?	7
1.4	Bedeutungsfelder	7
2.1	Wer oder was ist's? Subjekt gesucht!	7
2.2	Welche Wortart?	8
2.3	Fulget!	8
K	Der andere Erzieher	10

caput II
4.1	Lauter „kleine" Wörter	11
5.1	Lehrer sucht Schüler	11
5.2	Fābula nubeculāta – Ein Comicstrip	12
5.3	Textsalat	12
K	Zerbrochene Freundschaft	13

caput III
7.1	Was stimmt in dieser Schule nicht?	14
8.1	Das Schulspiel – eine Fotogeschichte	14
8.2	Magst du das auch (nicht)?	15
K	Lampriscus – mal gut gelaunt	16

caput IV
9.1	-i, -el, -ol oder -ul? – Jeder will etwas anderes	17
9.2	Horror vor dem Freund?	17
10.1	Das Missgeschick	18
11.1	Oh, diese -o!	18
K	Lampriscus ist empört	19

repetitorium I–IV
	Das solltest du jetzt können	21
R 1	Nichts darf man machen!	21
R 2	Was fehlt?	22
R 3	Ein Mann wird gesucht	22
R 4	Pech gehabt – Ein Satzpuzzle	24
R 5	Formenpuzzle	24
R 6	Also lautet ein Beschluss	25

caput V
12.1	Saepe cōnfūsum – Oft verwechselt	26
14.1	Gleich und doch nicht gleich!	26
15.1	Glück für Simylus?	27
15.2	Dialogsalat	27
K	Neid unter Sklaven	28

caput VI
16.1	Lieber wenig, aber gründlich – Aenigma syllabārum (Silbenrätsel)	29
17.1	Kofferpacken	29
17.2	Lampriscus: ohne Besitz, aber mit Aufgaben	30
18.1	Wer ist hier eigentlich der Esel?	31
18.2	Im Gleichschritt und im Gleichgewicht	31
K	Dē equō et dē asinō	32

caput VII
19.1	Kein Geld für Pomponius!	34
19.2	Simylus – ein Waschlappen?	34
20.1	Aurelia in Gedanken verloren	34
21.1	Polybius nervt	35
21.2	Das Reisegepäck der Pomponii	36
K	Wo ist die nächste Kneipe?	37

caput VIII
23.1	Gewusst, woher	38
24.1	Delirant Romani?	38
25.1	Wörter aufstöbern	40
K	Ein farbloser Text	41

repetitorium V–VIII
	Das solltest du jetzt können	42
R 1	Wenn Lehrer eine Reise tun	42
R 2	Wortschatztraining – Gegensatzpaare	43
R 3	Lo-Te-In-So-Se und Ob-Po-Pa	44
R 4	Gescheiterte Verabredung	44
R 5	Kasusketten	45
R 6	„Starke Worte" eines Politikers	46
R 7	Begegnung in Rom	47

caput IX
26.1	Was für ein Mensch ist dieser Brennus?	48
26.2	Es geht nicht immer „wörtlich"!	48
27.1	Aus 1 mach 2 – Typ: Dehnung (ohne oder mit Vokaländerung)	49
27.2	Ein Telegramm aus Kleinasien	50
K	Die Invasion der Gallier unter Brennus – einmal aus deren Sicht	51

caput X
28.1	Was gehört zusammen?	52
28.2	aus 1 mach 2 – Typ s-Perfekt	52
29.1	Hier ist niemand wasserscheu!	53
29.2	Bist du schwindelfrei?	53
29.3	Perfekt oder nicht Perfekt – das ist keine Frage	54
K	Satzteil-Flipper	54

Inhalt

caput XI
- 30.1 Odysseus bei Polyphem 56
- 31.1 Nihil nisi quaestiones – Lauter Fragen 57
- 31.2 Ein misslungener Bestechungsversuch 58
- 32.1 Rösselsprung 59
- 32.2 Aus 1 mach 2 – Typ: neuer Stamm 59
- K Camillus, der noble Sieger 59

caput XII
- 34.1 Ein böses Vorzeichen 61
- 34.2 Ein Brief aus Rom 61
- 35.1 Das kleine „ali" 62
- 35.2 Überschrift gesucht! 62
- 35.3 Saepe confusum 63
- K Der Feuerwehrhauptmann erstattet dem Kaiser Bericht 64

repetitorium IX–XII
- Das solltest du jetzt können 65
- R 1 Unterordnung oder Beiordnung? 65
- R 2 Pomponius vermisst seine Frau 65
- R 3 Eine schwere Last 66
- R 4 Was ist „normal"? 67
- R 5 „Grundwörter" 67
- R 6 Ein Lausbubenstreich 68
- R 7 Verflixtes X 69

caput XIII
- 36.1 Im Theater 70
- 37.1 Der zerbrochene Krug 70
- 37.2 Hochzeitssitten 71
- K Quis est quis? – Wie unterscheidet man Zwillinge? 72

caput XIV
- 38.1 Der „römische Guinness" 74
- 39.1 Was wollen Domitilla, Tertia, Vibia und Polybius? . 75
- 40.1 Der Hochzeitstag 75
- 40.2 Zahlenspielereien 76
- K Die Helden sind ausgestorben 77

caput XV
- 42.1 Bei den Germanen ist alles anders! 78
- 42.2 Hin und her, kreuz und quer 78
- 43.1 Dialogfloskeln 79
- K Die Reise nach Trier 80

caput XVI
- 44.1 Hast du's verstanden? 82
- 45.1 Gerüchteküche 82
- 45.2 Aus 1 mach 3 83
- K Mitleid mit den Sklaven 83

repetitorium XIII–XVI
- Das solltest du jetzt können 85
- R 1 Ein zukünftiger Baumeister? 85
- R 2 Hier rotiert alles 86
- R 3 Infinitiv der GZ im Passiv – ja oder nein? ... 87
- R 4 Sorgen wegen des Schwiegersohns 88

caput XVII
- 46.1 Publius kann auch dozieren 89
- 46.2 Verwandt und doch verschieden 89
- 46.3 Was für ein Angeber! 90
- 47.1 UI – hier muss man aufpassen! 90
- 47.2 Kein Verdruss mit dem -us! 91
- K Ein tapferer Soldat 91

caput XVIII
- 49.1 Partizip oder Nomen? 93
- 49.2 Logische Verknüpfungen: nachdem – obwohl – während – weil – wenn? 93
- 49.3 Es geht auch kürzer! 94
- K Beati nihil habentes! – Glücklich ist, wer nichts besitzt! 95

caput XIX
- 51.1 Was passt? 97
- 51.2 Ordnung muss sein 97
- 52.1 Saepe confusum 98
- K Bedürfnisse eines Philosophen 98

caput XX
- 53.1 Midas' törichter Wunsch 100
- 54.1 Formelhafter Ablativus absolutus 101
- K Der getäuschte Ehemann 101

repetitorium XVII–XX
- Das solltest du jetzt können 103
- R 1 Nur Mut! 103
- R 2 Wo sind die Partizipien? 104
- R 3 Der Faden der Ariadne 104
- R 4 Die Einladung 106

Lösungen 108

Einführung

Liebe Schülerin, lieber Schüler!

Bevor du mit diesem Heft arbeitest, solltest du noch einige Erklärungen zu seinem Inhalt lesen:
Alle Aufgaben stehen in engem Zusammenhang zu den Texten im Lehrbuch Ostia altera (Bd. 1.1). Sie sollen dir beim Einüben und Wiederholen helfen, d. h. dir sollte der Stoff bereits aus dem Unterricht bekannt sein.
Die Texte, die mit einem **K** gekennzeichnet sind, sind als **Kontrolltexte** für dich gedacht. Einen solchen Kontrolltext gibt es zu jedem Caput. Stellst du fest, dass du Fehler gemacht hast, lies noch einmal die Abschnitte des Cursus Grammaticus (CG), auf die bei den Aufgaben hingewiesen wird.
Alle Texte und Rätsel eignen sich für dich auch als **Überprüfung deiner Vokabelkenntnisse**, denn es kommen vorwiegend die Lernvokabeln vor. Lesevokabeln sind hier noch einmal bei jeder Übung aufgeführt.
Obgleich in diesem Heft viele neue Übungsmöglichkeiten angeboten sind, kann es doch sein, dass du dir gelegentlich bereits bearbeitete Aufgaben noch einmal vornehmen musst. Damit du selbst feststellen kannst, was du vergessen hast, ist nach jeweils vier Lektionen eine umfangreiche Wiederholung des wichtigsten Stoffes vorgesehen. Du solltest diese Übungen nicht auslassen, denn auch das Lernen vollzieht sich sinnvoll nur, wenn man nach einigen Stufen eine „Verschnaufpause" einlegt.

So könnte man deinen „Aufstieg" veranschaulichen: ➜

4

caput I

1.1 Familia Pompōnia

1 Lies in deinem Lateinbuch auf den Seiten 7–8 nach, wer die abgebildeten Menschen sein könnten.

2 Welche Stellung nehmen sie ein?

3 Schreibe die Namen, die deiner Meinung nach zutreffen könnten, an die Zeichnungen.

caput I

1.2 Lauter Verben

cantare

clamare

saevire

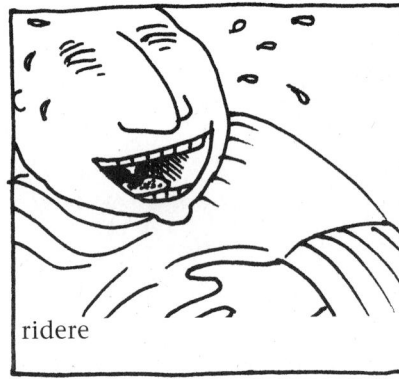
ridere

ludere

iurgare

maledicere

interrogare

respondere

1 Suche aus dem alphabetischen Vokabelverzeichnis die Bedeutungen der Verben heraus und schreibe sie unter die lateinischen Wörter.

2 Beachte dabei die Längenzeichen über den Vokalen und ergänze sie hier.

3 Ordne die Verben in vier Gruppen, und zwar nach dem Vokal vor der Silbe **-re** (Beispiel: **canta** -re). Folge dabei der Übersicht im Cursus Grammaticus. → **CG 1.1.3**

Gruppe 1: _____

Gruppe 2: _____

Gruppe 3: _____

Gruppe 4: _____

1.3 Eine Knobelaufgabe – Was macht Spaß?

In diesem Text passen vier Wörter nicht in den Textzusammenhang:

Domitilla et Pūblius iūrgant. Polybius iam venit iuvat. Dīcit: „Quis clāmat?" Pūblius: „Domitilla lūdere semper ululat!" Polybius: „Nōn ululat, atque sed cantat." Domitilla et Pūblius maledīcere nunc tacent.

Kreise die Wörter ein, die den Textzusammenhang stören. Dann setze sie zu einem Satz zusammen und übersetze diesen.

Der lateinische Satz heißt: _____

Übersetzung: _____

ululāre: jaulen, heulen – **nunc:** jetzt, nun

1.4 Bedeutungsfelder

Ordne die Verben des Lesestücks 1 den folgenden Bedeutungsfeldern zu. ❗ Einige Verben können mehrfach eingeordnet werden!

Geräusche machen	sich bewegen	sich mit Worten äußern

Welche drei Verben konntest du nicht einordnen? _____

2.1 Wer oder was ist's? Subjekt gesucht!

In den folgenden Satzpaaren fehlt im zweiten Satz das lateinische Subjektwort. Welches Subjekt musst du bei der Übersetzung des zweiten Satzes selbst ergänzen? Woher bekommst du die nötige Information? ❗ Satz d! → **CG 1.2**

a) Servī veniunt. Laetī sunt. _____

b) Plaustrum venit. Onustum est. _____

c) Domitilla nōn iam maledīcit. Nunc lūdit. _____

d) Caelum obscūrum est. Subitō fulget. _____

fulget: es blitzt

caput I

2.2 Welche Wortart?

Ordne die folgenden Wörter aus dem Wortspeicher (**horreum**: Scheune, Speicher, Magazin) den richtigen Spalten zu:

Horreum – Wortspeicher

cantāre – cūr – enim – etiam – frūmentum – inquiētus – iterum – labōrāre – laetus – lūdere – maledīcere – mātūrus – nōn iam – obscūrus – onustus – puella – quis – quoque – sed – servus – tandem – ubī – venīre

Substantiv	Adjektiv	Verb	Fragewort	andere Wörter

2.3 Fulget!

In der folgenden Tabelle ist ein ganzer Text verborgen. Um ihn herauszufinden, gehe folgendermaßen vor:

1. Markiere zuerst die nach KNG-Regel (→ **CG 1.4**) und Sinn passenden Wortgruppen, indem du bei der passenden Schnittstelle ein ✖ setzt.

2. Wähle aus diesen möglichen Kombinationen Sätze so aus, dass sich ein sinnvoller zusammenhängender Text ergibt. Damit du es leichter hast, geben wir dir den ersten Satz, alle Subjekte in der richtigen Reihenfolge und die logischen und zeitlichen Verknüpfer vor. Die Überschrift steht oben links.

caput I

FULGET	dominus et domina	caelum	frūmentum	plaustra	servī	labōrāre	vīlicus	plaustra	cunctī
inquiētī sunt									
nōn iuvat									
laetī sunt									
maledīcit									
mātūrum est									
obscūrum est									
onusta sunt									
veniunt									
veniunt et labōrant									

fulget: es blitzt

Fulget!

1 Dominus et domina inquiētī sunt.

2 Caelum enim _____ et frūmentum _____

3 Tum plaustra _____

4 Servī quoque _____

5 Labōrāre autem _____

6 Nunc vīlicus _____

7 Tandem plaustra _____ et cunctī _____

caput I

K Der andere Erzieher

Puellae lūd____ et canta____. Subitō Pūblius veni____ et dīc____: „Nōn decet ululā____!". Tum Domitilla saevi____ et clāma____: „Maledīc____ nōn dece____!" Pūblius rīde____: „Immō iuva____ maledīcere et..." Domitilla: „Ecce, Polybius veni____!" Domitilla et Pūblius tace____, Pūblius inquiētus es____. Neque Polybius maledīc____: dēfess____ enim est. – Subitō fulge____, caelum obscūr____ est, tum tonat. Domitilla nunc rīdet: „Ecce! Iuppiter maledīcit!"

ululāre: jaulen – **fulget:** es blitzt – **tonat:** es donnert – **Iuppiter:** Jupiter (höchster röm. Gott, schleudert auch die Blitze)

1 Setze die fehlenden Wortausgänge bei den Verben und Adjektiven ein. Du kannst deine Lösung mit Hilfe des folgenden Speichers kontrollieren.

2 Übersetze den Text.

3 Markiere Subjekte und Prädikate mit verschiedenen Farben. In welchen Sätzen stehen Verben an der Subjektstelle? Führe sie mit ihren Prädikaten zusammen am Ende der Schreibzeilen noch einmal lateinisch auf. → **CG 1.1.5**

Horreum
ere – it – it – nt – nt – re – t – t – t – t – t – t – t – t – um – unt – us

caput II

4.1 Lauter „kleine" Wörter

Im folgenden Buchstabengitter sind 20 Wörter versteckt, die entweder als Konnektoren Sätze miteinander verknüpfen oder als Adverbien zeitliche Hinweise im Text geben. (Leserichtungen: → ↓; V = U. Es gilt immer nur das **längste Wort**, also z. B. etiam, nicht et + iam!)

A	C	M	R	A	L	-Q	V	E	E
T	D	I	S	Q	E	M	B	S	N
Q	E	A	T	V	F	S	A	V	I
V	F	M	V	O	G	T	V	B	M
E	T	N	X	Q	H	A	T	I	H
I	T	A	Q	V	E	T	E	M	I
N	E	Q	V	E	L	I	M	O	D
X	H	V	Y	B	M	M	C	T	E
M	S	E	D	C	B	P	D	V	I
B	I	P	T	A	N	D	E	S	N
I	T	E	R	V	M	G	F	T	D
E	T	I	A	M	N	V	C	V	E

Trage die gefundenen Wörter in die folgende Tabelle ein:

Adverbien der Zeit

_____

_____

_____

_____

_____

Verknüpfer

_____

_____

_____

_____

_____

5.1 Lehrer sucht Schüler

Fülle die acht Lücken im folgenden Text so mit Lösungen aus 4.1, dass sich ein logischer und verständlicher Text ergibt. Dasselbe Wort darf auch mehrmals vorkommen.

Publius und Lucius halten sich vor Polybius versteckt. Der sucht sie überall, kann sie aber nicht finden.

1. Pūblius et Lūcius lūdunt, lūdere _____ iuvat. – 2. Polybius eōs quaerit neque videt. – 3. _____ eōs vocat, discere _____ dēbent. – 4. Pūblius et Lūcius eum vident _____ audiunt neque respondent. – 5. Polybius eōs _____ vocat. – 6. _____ Dāvum videt _____ eum interrogat: – 7. „Ubī sunt Pūblius Lūcius____?"

discere: lernen

caput II

5.2 Fābula nubeculāta – Ein Comicstrip

Die Texte 4 und 5 wurden von einem Schüler der 7. Klasse in eine Bilderfolge umgesetzt, von denen hier drei Bilder ausgewählt sind. Es fehlt aber noch der Text in den Sprechblasen. Setze du die passenden Sätze ein; Vorschläge findest du im Horreum.
Die Vorschläge sind alphabetisch angeordnet. In die Sprechblase des ersten Bildes gehören vier Sätze (schreibe daher ganz klein), in die beiden anderen nur jeweils ein Satz.
❗ Von den im Satzspeicher angeführten Sätzen passt einer nicht in den Text!

Horreum

Itaque Syrus nōndum adest – Iterum fulget – Plaustrum enim haeret – Rotam petit – Syrus stultus est – Syrus venīre nōn potest – Ubī sunt īnstrūmenta?

fulget: es blitzt – **haerēre:** stecken bleiben

5.3 Textsalat

In unserem Textsalat sind zwei verschiedene Texte versteckt. Stelle die einzelnen Texte wieder her, indem du die Sätze mit zwei verschiedenen Farben markierst. Gib den beiden Texten passende Überschriften.

Iūmenta mūgiunt, nam plaustrum onustum et rota frācta est. Syrus inquiētus est. Līberī laetī sunt. Caelum enim obscūrum est. Iam fulget. Domitilla cantat. Procul servōs videt et eōs vocat. Pūblius rīdet. „Quis mē adiuvāre potest?" Tum Lūcius accurrit et clāmat: Neque servī eum adiuvant, immō rident. „Quis mēcum lūdere vult?"

mūgīre: muhen – **fulget:** es blitzt – **mēcum:** mit mir

caput II

K Zerbrochene Freundschaft

Syrus plaustrum regit et iūmenta incitat. Plaustrum onustum est. Prope servī servaeque labōrant. Apollōnia quoque adest. Syrus eam amat, itaque servam semper spectat. Subitō iūmenta mūgiunt. Ecce – plaustrum haeret. Rota enim frācta est. Quis nunc Syrum adiuvāre potest? Apollōnia statim accurrit, nam damnum spectāre vult. Subitō rīdet et Syrum stultum vocat. Itaque Syrus saevit et maledīcit: „Nōn decet rīdēre, mehercule!" Tandem murmurat: „Apollōnia nōn iam amīca mea est!"

amāre: lieben – **mūgīre:** brüllen – **haerēre:** stecken bleiben – **damnum:** Schaden – **mehercule:** verdammt – **murmurāre:** murmeln – **amīca mea:** meine Freundin

1 Übersetze den Text.

2 Unterstreiche im lateinischen Text die Infinitive und kennzeichne farbig die Verben, die als Ergänzung einen Infinitiv erfordern. → **CG 2.2.1**

3 Umrahme die Wörter, die im Akkusativ stehen. Bei welchem Verb wird in der Übersetzung ein anderer Kasus verwendet?

caput III

7.1 Was stimmt in dieser Schule nicht?

Ersetze die fünf Wörter, die den Sinn verfälschen, durch passende Wörter aus dem Horreum.

Lampriscus abecedārius est et cottīdiē līberōs docet. Saepe eōs reprehendit, tamen līberī nōn libenter lūdō intersunt. Sed hodiē lūdus līberīs et Lampriscō gaudiō est. Magister Domitillae librum dat et dīcit: „Nunc cunctīs licet fābulam audīre." Domitilla libenter legit, itaque puerō recitāre iūcundum est. Cēterī fābulam audiunt. Librī attentī sunt, itaque Lampriscus dīcit: „Hodiē pulchrum est docēre, nam cunctī Pompōniō pārent!"

abecedārius: Schulanfänger – **licet:** es ist erlaubt – **recitāre:** vortragen, vorlesen – **attentus:** aufmerksam

---
Horreum

eī – itaque – līberī – magister – mihī

8.1 Das Schulspiel – eine Fotogeschichte

Līberī „scholam lūdunt": Henning Lampriscus est et cēterī discipulī sunt. Henning eōs Lūcium, Titum, Domitillam, Tertiam vocat.

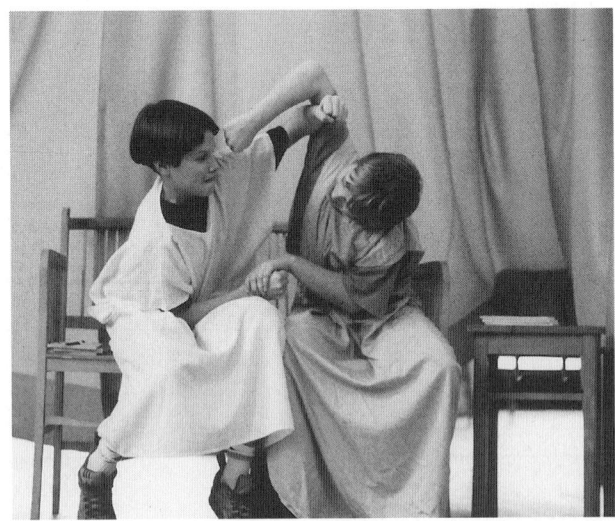

Lūcius et Titus iam adsunt, magister autem nōndum adest. Puerī iam diū eum exspectant. Nunc iūrgant, nam Lūcius Titō semper molestus est.

molestus: lästig

Tum magister venit et dīcit: „Salvēte, puerī! Ubī sunt cēterae?" Neque puerī respondent.

salvēte: seid gegrüßt!

caput III

Schreibe die Geschichte zu Ende! Verwende dabei die Sätze im Horreum, die hier nicht in der richtigen Reihenfolge aufgeführt sind:

Horreum

Puellae garriunt. – Itaque poena puellīs imminet. – Magister eās increpat, nam cottīdiē sērō veniunt. – Sīc neque līberīs neque magistrō lūdus gaudiō est. – Tandem Domitilla et Tertia veniunt.

---

garrīre: schwatzen – **sērō:** (zu) spät – **neque ... neque ...:** weder ... noch ...

8.2 Magst du das auch (nicht)?

1 Schreibe aus den Texten 7 und 8 des Schulbuches alle Wörter heraus, die zum Sachfeld „Schule" gehören.

2 Markiere mit zwei Farben, was du davon „magst" und „nicht magst". (Die Wörter, bei denen du dich nicht entscheiden kannst, lässt du unmarkiert.) ❶ Bei dieser Aufgabe solltest du deine Ergebnisse mit Freundinnen/Freunden aus deiner Klasse diskutieren können. Eine „Lösung", die für alle gilt, gibt es hier nicht; deshalb findest du auch keine in den Lösungsseiten.

K Lampriscus – mal gut gelaunt

Lampriscus līberōs cottidiē docet. Nōn libenter lūdō intersunt. Magister enim eōs semper increpat. Lampriscus Graecus est. Saepe miser est. Nam Graecia eī patria est. Patria autem nōn iam Graecīs, sed Rōmānīs est. Itaque Graecī eīs pārēre dēbent. Hodiē autem Lampriscus laetus est et līberōs laudat – scrībunt enim litterās Graecās. Lampriscus Graeciam dīligit. Itaque elementa Graeca docēre eī gaudiō est. Līberīs etiam praemia dat. Tertia clāmat: „Ecce, nunc mihī praemium est!"

Graecus: Grieche – **Graecia:** Griechenland – **patria:** Heimat – **Rōmānus:** Römer – **elementa (pl.):** Alphabet

1 Übersetze den Text.

2 Unterstreiche alle Dativformen im Text.

3 Markiere mit zwei Farben, welche Dative du wörtlich und welche du nicht wörtlich übersetzt hast.
→ **CG 3.3.1 und 3.3.2**

caput IV

9.1 -i, -el, -ol oder -ul? — Jeder will etwas anderes

a) Lucius zu Quintus: „Ego hodiē lūdō dēesse v___ō. Cūr tū lūdō interesse v___s, Quinte?"

b) Lucius zu Quintus über Sextus: „Cūr amīcus mihī adesse nōn v___t? Mehercle, nōs Lampriscō illūdere v___umus neque possumus."

c) Titus zu Lucius und Quintus: „Quōmodo magistrō illūdere v___tis, amīcī?"

d) Lampriscus über seine Schüler: „Cūr discipulī mihī semper illūdere v___unt?"

e) Lampriscus zu seinen Schülern: „Discere v___le satis nōn est!"

satis: genug

1 Setze die fehlenden Buchstaben in die unvollständigen Verbformen ein. → CG 4.1.3

2 Unterstreiche alle mit esse zusammengesetzten Verbformen (= Komposita von esse). ❗ Welches von ihnen hat eine Besonderheit im vorderen Wortteil?

3 Welchen Kasus verlangen die anderen Komposita von esse als Ergänzung? _____

9.2 Horror vor dem Freund?

1 Wie du siehst, ergeben die Zeilen der Tabelle so keinen Sinn. Wähle deshalb zu jedem Subjekt ein Prädikat und ein Objekt so, dass fünf inhaltlich und grammatisch sinnvolle Sätze entstehen. Überlege dabei, welche Tätigkeiten wir den Subjekten spontan zuordnen und welches Objekt dann dazu passt. ❗ An der Subjekt- und Objektstelle können substantivierte Adjektive (d. h. Adjektive ohne Bezugswort) stehen.

2 Übersetze die Sätze und suche für die substantivierten Adjektive nach einer überzeugenden Übersetzung. → CG 4.5

Subjekt	Objekt	Prädikat	Satz + Übersetzung
amīcus	amīcum	horrent	S:
			Ü:
servī	litterās	semper vult	S:
			Ü:
timidī	vīlicō	discunt	S:
			Ü:
discipulī	iūrgāre	pārent	S:
			Ü:
improbus	cūncta	adiuvat	S:
			Ü:

caput IV

10.1 Das Missgeschick

Sicher erinnerst du dich noch an das Missgeschick des Syrus in Lektion 4 – 5. Zwischen ihm und den arbeitenden Sklavinnen und Sklaven könnte folgendes Gespräch stattgefunden haben:

Syrus clām____: „Aud____, Āfra et Apollōnia! Ven____ ad mē!" Servae accurr____. Tum Āfra: „Quid clām____, Syre? Quid est?" Syrus: „Plaustrum haer____. Spect____ rotam: frācta es____." Apollōnia: „Quid nōs facere poss_____, Syre?" Syrus: „Mē adiuv____ potes____. Āvol____ et vīlicum pet____! Rotam apport____!" Āfra: „Cūr nōn servōs voc____? Ecce, prope labōr____." Prōfectō Syrus eōs voc____. Iam ven____ neque eum iuv____. Immō rīd____. Tum Syrus saev____. „Vōs furciferī, quid rīd____? Cūr mihī nōn ades____? Egō vōs ...!" Statim servī Syrum relinqu____. Āfra et Apollōnia āvol____, Syrum enim iuv____ vol____. Tum Syrus: „Aud____, Āfra et Apollōnia! Īnstrūmenta quoque apport____ dēb____."

haerēre: stecken bleiben – **āvolāre:** davoneilen – **furcifer:** Schurke – **ego vōs:** Euch werde ich...!

Horreum

ant – ant – ant - āre – āre – āre - ās – ās - at – at – āte – āte – āte – ent – et – ētis –ētis – it – ite – īte – īte – iunt – t – tis – tis – umus – unt – unt – unt

---

1 Ergänze die fehlenden Verbindungen aus dem Speicher.

2 Hattest du Probleme mit den Endungen? Dann wiederhole im ➜ **CG 4.1.1**! Beachte auch die Konjugationsklassen im ➜ **CG 4.1.2**.

3 Vergiss nicht, beim Lernen der Verben zwischen dem langen Stammauslaut -ē- der e-Konjugation und dem kurzen Sprechvokal -e- der konsonantischen und der kurzvokalischen i-Konjugation zu unterscheiden.

11.1 Oh, diese -o!

(Leserichtung: ➜ ↓; V = U oder V. Auch hier und in den folgenden Buchstabengittern gilt: Nur die längste Form ist eine Lösung. Überschneidungen von zwei Wörtern in einer Zeile sind möglich: z. B. virobscuro = viro + obscuro)

In dem Buchstabengitter sind 20 lateinische Wörter versteckt, die auf -o auslauten. Einige signalisieren Dativ Singular, einige die 1. Person Singular eines Verbs, eines ein Personalpronomen, der Rest sind Adverbien. Schreibe die gefundenen Wörter in die richtige Spalte. Welche Wörter kannst du zweimal eintragen?

caput IV

S	E	V	E	R	O	D	I	O	S
T	G	X	P	V	E	R	O	X	T	A
V	O	L	O	L	V	D	O	M	A	V
D	Y	O	S	I	G	N	O	I	G	X
E	V	E	T	O	N	X	M	T	N	I
O	I	P	R	O	F	E	C	T	O	L
X	V	L	E	A	M	I	C	O	B	I
Q	V	O	M	O	D	O	D	O	N	O
V	O	C	O	C	A	P	I	O	X	Y

Dativ	1. Person Singular	Adverb	Pronomen

K Lampriscus ist empört

Lampriscus würde seinem Herrn am liebsten Vorwürfe machen, weil die Jungen ihm einen Streich gespielt haben. Stattdessen überschüttet er ihn mit Fragen:

Num puerīs lic____ magistrum illūd____? Nōnne magistrō pār____ dēb____? Cūr mē contemn____? Nōnne mihī lic____ eōs pūn____? Cūr puerī neque leg____ neque scrīb____? Ubī nunc s____? Nōnne eōs voc____ v____, domine?

contemnere: verachten – **pūnīre:** bestrafen – **neque ... neque ...:** weder ... noch ...

caput IV

> **Horreum**
>
> āre – ent – ere – ēre – et – et – īre – īs – unt – unt – unt – unt

1 Setze die fehlenden Wortausgängen ein. Benutze zur Kontrolle den Speicher.

2 Übersetze den Text. **→ CG 4.4**

3 Kannst du auswendig zehn lateinische Fragewörter nennen? (**-ne** zählt mit!)

_____
_____
_____
_____
_____
_____
_____
_____

Fragewörter: -ne, _____
_____
_____

Lieber Schüler, liebe Schülerin,

du hast jetzt die erste **Wiederholungseinheit**, das **Repetitorium I–IV**, erreicht. Die Wiederholungseinheiten sind folgendermaßen aufgebaut: Sie beginnen immer mit einer summa. Das ist eine Tabelle zur Wiederholung von Lernvokabeln, die du noch nicht sicher beherrschst. Trage dort alle Wörter sofort lateinisch und deutsch ein, die du während des Repetitoriums nachschlagen musstest, und wiederhole sie dann gründlich! So kannst du verhindern, dass du Teile des Lernwortschatzes zu schnell vergisst.

Nach der summa folgt ein **Überblick über den neuen Grammatikstoff** der letzten vier Capita („**Das solltest du jetzt können**"). Zu jedem genannten Thema sind die Übungen aufgezählt, die speziell dieses Thema trainieren. Nach diesem „Wegweiser" kannst du dich richten, wenn du in den vorangehenden vier Capita in einem bestimmten Stoffgebiet noch unsicher warst und es besonders üben möchtest. Der Wegweiser hilft dir aber auch dann, wenn sich vielleicht später einmal Lücken im „alten" Stoff bei dir bemerkbar machen: Dann such dir aus früheren Wiederholungseinheiten einfach die Übungen aus, mit denen du die alten Themen wieder auffrischen kannst.

repetitorium I–IV

Summa

lat.	dt.	lat.	dt.

Das solltest du jetzt können:

- Wortarten erkennen: Substantiv, Verb, Adjektiv, Personalpronomen, Adverb, Fragewort, Konnektor (R 1, 3, 6)
- Satzteile erkennen ; Subjekt, Prädikat, Prädikatsnomen, Akkusativobjekt, Dativobjekt (R 1, 4, 6)
- Konjugationsklassen der Verben unterscheiden und die Verben konjugieren, ferner das Hilfsverb esse und die Modalverben posse und velle (R 2, 5)
- die Formen des Personalpronomens (R 6)

R 1   Nichts darf man machen!

Magister puerōs videt et eīs dīcit: „Maledīcere nōn decet. Iūrgāre quoque mihī odiō est." Tum Pūblius Lūciō: „Polybius nōs semper reprehendit. Cuncta vetat. Venī, Lūcī! Lūdere volō."

1. Übersetze den Text.
2. Welche Wortarten stehen im Lateinischen an der Subjektstelle? → **CG 1.1.2., 1.1.5**
3. Markiere mit je einer Farbe:
   - Prädikat mit verdecktem Subjekt → **CG 1.2**
   - Imperativ → **CG 4.1.1**
   - Vokativ → **CG 4.2**
   - Dativ als Prädikatsnomen → **CG 3.3.2**

repetitorium I-IV

R 2 Was fehlt?

Fülle die fehlenden Formen auf. → **CG 4.1.1, 4.1.3**

Inf.		exspectāre					adesse
1. P.	Sg.		veniō				
2. P.				rīdes		vīs	
3. P.					lūdit		
1. P.	Pl.						
2. P.					lūditis		
3. P.				rīdent		volunt	
Imp.	Sg.		venī			✗	
Imp.	Pl.	exspectāte				✗	adeste

R 3 Ein Mann wird gesucht

C	X	Q	V	O	M	O	D	O	T	S	N	V	M	P
V	Q	V	I	D	M	A	N	E	A	V	T	X	A	R
R	X	I	N	V	N	C	T	V	M	B	X	X	X	O
S	E	D	I	V	Q	V	I	S	E	I	L	L	I	C
A	N	E	C	O	L	I	B	E	N	T	E	R	M	V
E	V	M	P	R	I	M	V	M	H	O	D	I	E	L
P	O	S	T	R	E	M	O	P	R	O	P	E	A	T
E	N	I	M	P	R	O	F	E	C	T	O	L	O	A
D	A	V	V	S	X	F	O	R	T	A	S	S	E	M

(Leserichtung: →↓; V = U oder V)

repetitorium I–IV

In dem Buchstabengitter sind 35 lateinische Wörter versteckt.

1 Schreibe sie heraus und gib ihre Bedeutung(en) an.

lat.	dt.	lat.	dt.

2 Welche Wortart ist nur einmal vertreten?

repetitorium I–IV

R 4   Pech gehabt – Ein Satzpuzzle

Welcher Text, der zu der Überschrift passen soll, lässt sich aus den folgenden Bausteinen bilden? Denke daran, dass im wirklichen Leben bestimmte „Rollenverteilungen" zu erwarten sind: Bestimme danach die Subjekte und Objekte für deine Sätze. ❶ Wenn nötig, ändere die Reihenfolge der Substantive und die Endungen der Wörter.

Substantive	Verben	Satz
Āfra cēna Pompōniī	parāre	
Dāvus dominus negōtium	dare	
dominus servus vīnum	apportāre dēbēre	
apothēca Dāvus	petere	
dominus et domina vīnum	nōn apportāre	
dominus servus	increpāre	

cēna: Abendessen – **apothēca:** Weinlager – **petere** +Akk.: gehen zu – **vīnum:** Wein

R 5   Formenpuzzle

Kannst du 25 korrekte Verbformen aus jeweils einem dunklen und einem hellen Bestandteil bilden? Du darfst die Teile auch mehrfach verwenden.

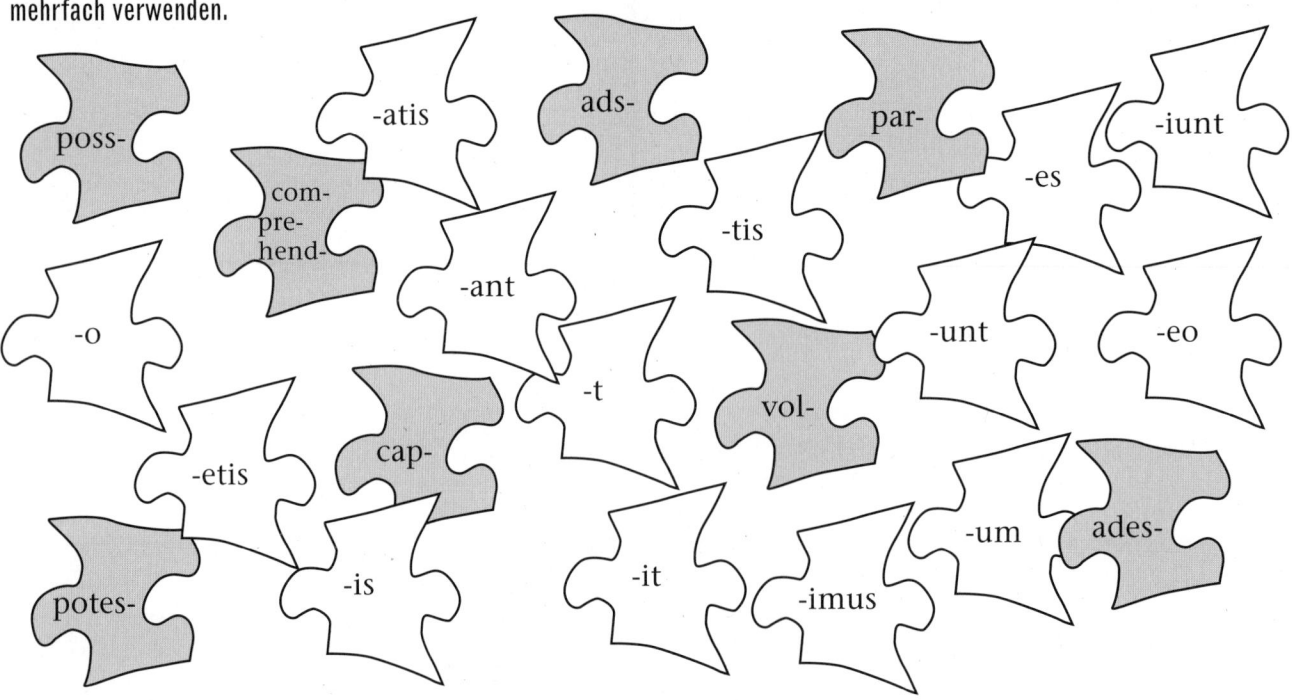

repetitorium I–IV

R 6 Also lautet ein Beschluss ...

Lampulus magister est et puerōs elementa docet. Sevērus est puerīsque semper dīcit: „Studēte litterīs! Semper discite! Nam vītae, nōn magistrō discitis."

Max et Mōritz magistrō nōn pārent. Lūdus enim puerīs odiō est. Itaque magistrō illūdere et magistrum terrēre volunt. Quid faciunt? Vīllam intrant, dolum parant, statim āvolant.

Iam magister vīllam repetit.

Lampulus laetus et contentus est. Lampulō enim negōtia nōn iam sunt. Fūmisūgium capit et incendit.

Subitō fragor fit et Lampulus cadit.

Spectāte magistrum nigrum et calvum! Nēmō miserō auxiliō venit.

elementa (pl.): Alphabet – **terrēre:** erschrecken – **dolus:** Streich – **āvolāre:** davoneilen – **repetere** +Akk.: zurückgehen zu – **fūmisūgium:** Pfeife – **incendere:** anzünden – **fragor fit:** es knallt – **cadere:** hinfallen – **niger:** schwarz – **calvus:** kahl – **nēmō:** niemand

1 Übersetze still den Text und beseitige dann die störende Wiederholung von Substantiven oder Eigennamen, indem du sie durch passende Personalpronomina ersetzt. → **CG 3.2, 4.3**

Bild 1: (puerīsque →) eīsque,...

2 Markiere mit drei verschiedenen Farben die lateinischen Dative, die du wörtlich, mit Präposition oder freier übersetzt hast. → **CG 3.3**

25

caput V

12.1 Saepe cōnfūsum – Oft verwechselt

Viele Wörter unterscheiden sich auch im Lateinischen nur in einem Laut bzw. Buchstaben, so dass es zu Verwechslungen kommen kann, wenn man nicht auf den Kontext achtet. Welche Buchstaben sind bei den folgenden Satzpaaren einzusetzen?

a) Āfra semper dominae **pār____t**. – Hodiē Aurēliae cēnam **par____t**.

b) Lampriscus Pompōniī līberōs **d____cet**. – Magistrum illūdere nōn **d____cet**, līberī!

c) Discipulus discere **dē____et**. – Amīcum iuvāre **de____et**.

d) Servī plaustrum Dāvī ____**ident**. – Neque eum iuvant, immō ____**īdent**.

cēna: Essen, Mahlzeit

14.1 Gleich und doch nicht gleich!

Manche Verben haben mehrere verschiedene Bedeutungen, z. B.:

a) accipere: annehmen, bekommen, erhalten – vernehmen (= hören)

b) petere: aufsuchen, gehen zu – verlangen

c) repetere: wieder aufsuchen, zurückkehren zu – wiederholen

d) colere: anbauen – bebauen

Entscheide, welche Bedeutung in den folgenden Sätzen jeweils zutrifft. ❶ Oft hilft dir dabei das Objekt.

I	II
Līberī clāmant. Itaque vīlicus verba servōrum accipere nōn potest. *accipere:*	Dāvus nuntius bonus est. Tamen praemium nōn accipit. *accipere:*
Syrus īnstrumenta petit: „Apportāte īnstrūmenta, Āfra et Apollōnia!"	Rūsticus forum petit.
Magister verba repetit.	Servus amīcum dominī quaerit, deinde vīllam repetit.
Rūsticus variās plantās colit.	Rūsticus agrum parvum colit.

forum: Markt(-platz) – **planta:** Pflanze

caput V

15.1 Glück für Simylus?

Simylus steht besorgt vor seinen Pflanzen und denkt:

„Cottīdiē maestus folia _____ spectō. Quis plantās tam _____ emere vult? Itaque mihī pecūnia nōn est, vīta nōbīs colōnīs _____ est. Nēmō nisī patrōnus vītam _____ agit. Egō quidem semper labōrō." Subitō tonitrum _____ audit. Caelum spectat: _____ est. Nunc Simylus _____ est.

folium: Blatt – **planta:** Pflanze – **emere:** kaufen – **patrōnus:** Patron – **tonitrus:** Donner

1 Setze in die Lücken passende Adjektive aus dem folgenden Speicher ein. Jedes Wort wird nur einmal verwendet. Beachte dabei die KNG-Kongruenz!

2 Markiere mit rot, wo die eingesetzten Adjektive Attribut, mit grün, wo sie Prädikatsnomen sind. → **CG 1.3, 1.4, 5.2**

Horreum

āridus – exiguus – iūcundus – laetus – māgnus – miser – obscūrus

---

āridus: trocken

15.2 Dialogsalat

Ein Sklave hört während seiner Arbeit ein Gespräch zwischen Quintus und Sextus im Garten der Pomponii (Gespräch I), gleichzeitig aber, wie Vater Pomponius seinem Sohn Lucius im Haus eine Standpauke hält (Gespräch II).
Markiere mit zwei Farben die beiden Gespräche I und II und gib jeweils vor der Äußerung den Namen des Sprechers an.

Sprecher	Äußerung
	Lampriscus magister sevērus atque inhūmānus est. Itaque lūdus mihī gaudiō nōn est.
Quintus:	Quid hīc facis?
	Magistrī est docēre, tuum autem pārēre et discere.
	Nōnne vidēs? Aquae īnsum.
	Cūr aquae inēs?
	Cūr egō litterās Graecās discō? Rōmānus sum!
	Lampriscum illūdere volō. Itaque rānās capiō. Magister enim mihī odiō est. Num tū eum dīligis?
	Graecī valdē doctī sunt. Itaque tibī magister Graecus est.
	Minimē. Nēmō nostrum eum dīligit.
	Nōs Rōmānī quidem Graecōrum dominī sumus, Graecī autem litterārum dominī sunt. Itaque litterās Graecās discere dēbēs.
	Proinde ades mihī!

inhūmānus: unmenschlich – **Rōmānus:** Römer – **Graecus:** Grieche

caput V

K Neid unter Sklaven

M. Pompōnius cōnvīvās exspectat. Hōra cēnae iam adest. Servī servaeque cēnam parant. Sed ubī est Dāvus callidus? Cūr nōn labōrat? Forte vīlicus Dāvum videt et eī dīcit: „Dāve, cēterīs servīs statim ades!". Dāvus autem respondet: „Id facere nōn possum, nam vīllam Postūmiī Modestī petō. Nōndum adest." Tum Selēnus: „Et piger et improbus es. Semper multa et stulta dīcis. Statim amphoram vīnī dominō apportā!" Dāvus: „Audī, Selēne..." Selēnus: „Age! Quid dīcere vīs?" Tum Dāvus clāmat: „Semper miserīs et dēfessīs negōtia dās, Lampriscō autem..." Vīlicus eum increpat: „Ineptiās dīcis. Statim āvolā atque fac imperātum!"

callidus: schlau – **amphora**: (Vorrats-)Krug, Amphore – **ineptiae**: Unsinn – **āvolāre**: davoneilen – **imperātum facere**: gehorchen

1 Übersetze den Text.

2 Markiere mit verschiedenen Farben die Aufgaben des Adjektivs als Attribut, Prädikatsnomen und Substantiv → **CG 5.2, 1.3, 4.5**. ❶ Beachte die Reihung (→ **CG 5.3**) bei multa et stulta!

caput VI

16.1 Lieber wenig, aber gründlich — Aenigma syllabārum (Silbenrätsel)

Die Anfangsbuchstaben der Lösungswörter ergeben eine lateinische Devise für erfolgreiches Vokabellernen:

1 Gegensatz zu cunctī _____
2 Verb zum Adjektiv onustus _____
3 verneinter Verknüpfer _____
4 daraus entstand das engl. Wort „movie" (Film) _____
5 Fragewort zu hīc _____
6 daraus entstand das Fremdwort „Lokal" _____
7 anderes Wort für postrēmō _____
8 anderes Wort für adiuvāre _____
9 Substantiv zu studēre _____
10 anderes Wort für parvus _____
11 Substantiv zu dīligere _____
12 daraus entstand das ital. „molto" _____
13 anderes Wort für quam _____
14 lat. Substantiv im Fremdwort „bilingual" (zweisprachig) _____
15 anderes Wort für sīc _____
16 damit verwandt ist engl. „one" _____
17 Gegensatz zu laetus _____

Horreum syllabārum (Silbenspeicher)

a – ad – bi – cus – dem – di – di – es – ex – gen – gu – gua – i – li – lin – lo – mi – mo – mo – mul – ne – ne – ne – nus – o – que – ra – re – re – se – ser – stu – tam – tan – ti – tum – u – u – um – us – ut – ve

---

17.1 Kofferpacken

a) Syrus plaustrum onerat.
b) Syrus plaustrum saccīs onerat.
c) Hōrā prīmā Syrus plaustrum saccīs onerat.
d) Hōrā prīmā Syrus plaustrum saccīs māgnā cum dīligentiā onerat.
e) Hōrā prīmā Syrus plaustrum cum Dāvō saccīs māgnā cum dīligentiā onerat.
f) Hōrā prīmā Syrus plaustrum in agrō cum Dāvō saccīs māgnā cum dīligentiā onerat.

saccus: Sack

caput VI

1 Markiere die Ablative, mit denen die Sätze jeweils erweitert worden sind.
2 Mit welchem Fragewort wird der jeweilige Ablativ erfragt und was gibt er inhaltlich an? → **CG 6.2**

Satz	b	c	d	e	f
Fragewort					
Inhalt					

3 Welcher Ablativ wurde nicht „eingepackt"? _____
4 Übersetze Satz f. _____

17.2 Lampriscus: ohne Besitz, aber mit Aufgaben

a) Lampriscō neque vīlla neque hortus est.

b) Tamen eī licet in hortō esse atque ibī librōs Graecōs legere.

c) Legere magistrō māgnō gaudiō est.

d) Est vir vērē doctus; itaque eius est līberōs Pompōniī docēre.

e) Respondē! Cuius ille hortus est?

hortus: Garten – **ibī:** dort – **cuius:** Genitiv des Fragewortes quis – **ille:** der besagte

1 Übersetze die Sätze und beantworte Frage e) auf Latein.
2 Markiere die Prädikatsnomina (PN). Welche Kasus kommen vor? → **CG 6.5, 5.1.3**
3 Wie hast du esse in den Sätzen jeweils übersetzt?

caput VI

Kasus des PN	Übersetzung PN + esse
a)	
b)	
c)	
d)	
e)	

18.1 Wer ist hier eigentlich der Esel?

In den folgenden Sätzen fehlen die Präpositionen, die im Speicher alphabetisch aufgeführt sind.

Flāvus _____ asinō _____ forum it. Subitō asinus _____ viā cōnsistit et _____ tumulō stat.

Flāvus iam diū _____ vīllā abest. Itaque vīlicus _____ Dāvō _____ vīllā exit et tumulum ascendit.

Māgnā _____ impatientiā _____ tumulō spectant. Quid vident? Asinus _____ Flāvō vīllam petit.

Flāvus autem _____ asinō saccum fert.

impatientia: Ungeduld

Horreum

ā – ad – cum – cum – cum – dē – ē – in – prō – sine – sub

18.2 Im Gleichschritt und im Gleichgewicht

a) Mach auch dem rechten Käfer „Beine" – mit den entsprechenden Formen von īre. → **CG 6.6**

caput VI

b) Fülle den linken Sack mit den entsprechenden Formen von **ferre**, damit der Esel wieder ins Gleichgewicht kommt.
→ CG 6.6

portās
portāmus
portā
portātis
portant

K   Dē equō et dē asinō

1 An den Bildern kannst du schnell erkennen, welche Personen, Tiere und Dinge im Text eine wesentliche Rolle spielen. Schreibe die passenden lateinischen Wörter zu den Bildern. (❗ Endungen richtig wählen!)

2 Zum Schluß übersetze den gesamten Text.

a)  cum _____ et _____ ad forum it.

b) 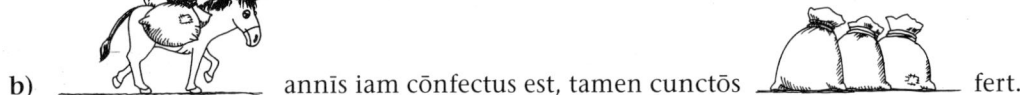 _____ annīs iam cōnfectus est, tamen cunctōs _____ fert.

c)  _____ autem _____ vacat.

d) Paulō post 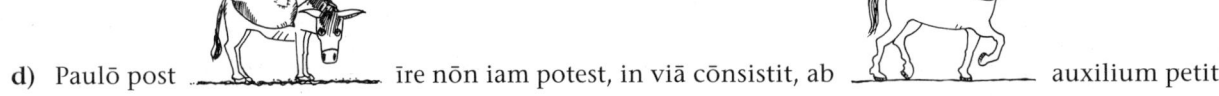 _____ īre nōn iam potest, in viā cōnsistit, ab _____ auxilium petit.

e)  _____ autem _____ neglegit neque dīmidium _____ accipit.

f) Immō superbus  _____ miserō dīcit: „Abī!"

caput VI

g) Subitō _____ concidit.

h) Itaque _____ _____ de _____ tergō tollit.

i) Num _____ ipse _____ fert? Minimē!

j) Cunctōs _____ nunc in tergō _____ superbī pōnit.

cōnfectus: geschwächt – **saccus:** Sack – **neglegere:** nicht beachten – **dīmidium:** Hälfte – **tollere:** wegnehmen – **ipse:** selbst

caput VII

19.1 Kein Geld für Pomponius!

Beseitige im folgenden Text die störende Wiederholung von Substantiven durch den Einsatz des Personalpronomens is, ea, id: Unterstreiche zunächst die Wörter, die du ersetzen willst, im Text. Dann gib unten die entsprechenden Formen des Personalpronomens an.

Fausta Simylum mane excitat et Simylo dicit: „Adi dominum nostrum et pete a domino moram. Plantae enim exiguae sunt; nemo plantas emere vult. Itaque decumam solvere non possumus."

Simylus maestus dominum adit, nam fortuna Simyli vere misera est. Pomponius quidem inhumanus non est, tamen Simylus dominum timet.

mora: Zahlungsaufschub – **planta:** Pflanze – **emere:** kaufen – **decuma:** Pachtzins – **inhūmānus:** unmenschlich

Simylo → ei; _____

19.2 Simylus – ein Waschlappen?

Welche Adjektive passen zu Simylus? Markiere sie! Begründe deine Entscheidung aus dem Text 19 des Buchs, indem du zu jedem von dir gewählten Adjektiv auf die entsprechenden Zeilen des Lektionstextes verweist.

Horreum
attentus – contentus – durus – improbus – iratus – iucundus – maestus – magnus – malus – maturus – miser – molestus – novus – obscurus – optimus – pulcher – salvus – severus – timidus

20.1 Aurelia in Gedanken verloren

O – quam doleo! Iterum iterumque maritus domo abit et Romam petit. Non laetus quidem me et Pompeianum nostrum relinquit: Romae ei multa negotia sunt. Itaque iter facere ei necesse est. Sed ego domi sum et servis pigris negotia do. Maesta maritum et horas iucundas desidero. Liberi autem gaudent. Volunt enim Romae per Viam Sacram ambulare et tabernas et circum spectare.

dolēre: bestrübt sein – **dēsīderāre** + Akk.: vermissen, sich sehnen nach – **Via Sacra:** Heilige Straße – **ambulāre:** spazieren

caput VII

1 Übersetze den Text.

_____
_____
_____
_____
_____
_____
_____
_____
_____

2 Welche Adjektive hast du prädikativ übersetzt? → **CG 7.3**

_____

21.1 Polybius nervt

Vor der Abreise nach Rom hält Polybius einen „pädagogischen" Vortrag:

„Iter facere vere iocosum non est. Immo molestum est viā publicā proced_____. Vestrum erit imprimis monumenta spectā_____, fabulas audī_____, uno verbo: disc_____. Vos enim non lud_____ causā iter facietis, sed disc_____ causā. Et vide_____ et audī_____ discere potestis." Tum Lucius clam ad Domitillam: „Non disc_____ causā Romam vide_____ volumus; vitam urbanam ag_____ volumus."

iocōsus: lustig – **erit:** wird sein – **monumentum:** bedeutendes Gebäude – **faciētis:** ihr werdet machen – **clam:** heimlich – **urbānus:** Stadt-...

Überlege, ob die unvollständigen Wörter Infinitive oder nd-Formen sind, und ergänze dementsprechend die fehlenden Endungen. → **CG 7.4**

caput VII

21.2 Das Reisegepäck der Pomponii

Im Haus des Freundes, wo die Pomponii übernachten, sind auch andere Freunde des Hausherrn zu Gast. Glücklicherweise haben sie, genauso wie die Pomponii, ihre Reisebündel mit Herkunfts- und Bestimmungsort und anderen Informationen beschriftet, sodass alle ihr Gepäck sofort wiederfinden können.

1 Welches Reisebündel gehört den Pomponii? Kennzeichne es mit einem Kreuz.

2 Sortiere die Angaben von allen drei Reisebündeln in die Tabelle ein. → **CG 7.1, 6.2.1b**
❶ Jede Angabe darf nur einmal verwendet werden. Wie musst du kombinieren, damit zum Schluss alle Kästchen der Tabelle ausgefüllt sind?

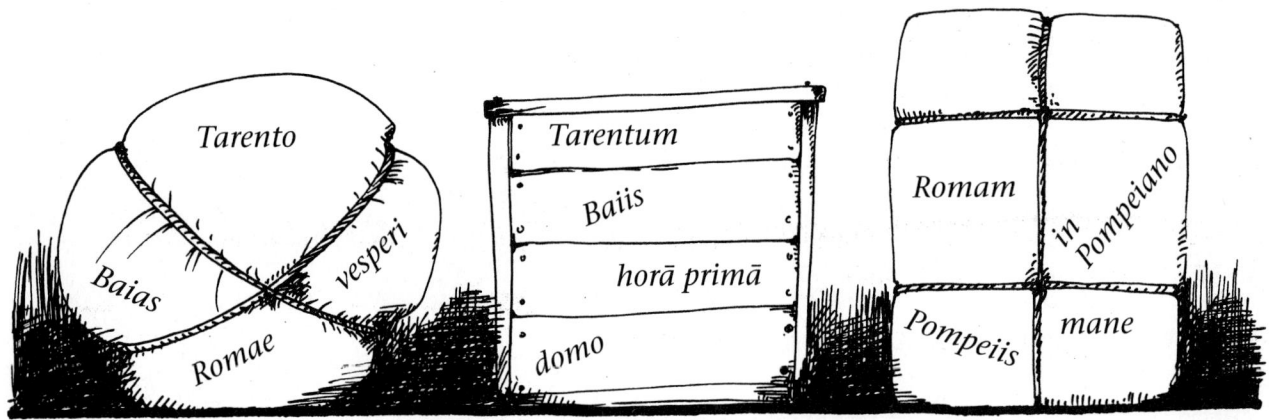

Wo wohnen die Leute?	Woher kommen sie?	Wohin fahren sie?	Wann fahren sie ab?

caput VII

K Wo ist die nächste Kneipe?

Vertagus, der raedarius (Fuhrsklave, Kutscher) der Pomponii, wohnt während seines Rom-Aufenthaltes bei den Sklaven von Aurelias Bruder Aurelius. Zwischen dem Sklaven Rufus und ihm kommt es bei der ersten Begegnung zu folgender Unterhaltung:

Quis es et unde venis? Vertagus sum, raedarius Pomponii. Pompeiis venio et hodie primum Romae sum. Libenter tibi Romam nostram pulchram monstrare volo. Vertagus iratus dicit: Molestus mihi es! Quid Roma vestra pulchra ad me attinet? Valde sitio. Potesne mihi tabernam proximam monstrare? Certe possum. Semper paratus sum ad iuvandum. Veni mecum, nam nunc est hora bibendi!

raedārius: Kutscher – **prīmum:** zum ersten Mal – **quid ad mē attinet:** was geht mich an? – **sitīre:** durstig sein – **bibere:** trinken

1. In dem Text wurden die Anführungszeichen weggelassen. Setze du sie (an den richtigen Stellen – d. h.: nicht überall, wo Platz dafür gelassen ist!) ein und kennzeichne so die verschiedenen Redeteile. Du kannst schnell herausfinden, wo sie aufhören bzw. beginnen, wenn du die Personalendungen der Verben beachtest.
2. Markiere mit zwei Farben die jeweiligen Sprecher.
3. Markiere mit einer dritten Farbe den Erzählteil des Textes. Woran hast du ihn erkannt?
4. Zum Schluss übersetze den ganzen Text.

caput VIII

23.1 Gewusst, woher

In der Begleitgrammatik (→ **CG 8.5**) findest du am Rand einige Bausteine („Suffixe") zur Bildung von Substantiven aus Verben bzw. Adjektiven, deren Kenntnis dir das Vokabellernen enorm erleichtert. Welche Bedeutung haben die folgenden lat. Wörter?
(Das Zeichen < bedeutet „entstanden aus"; hinter dem Sternchen * findest du als Hilfe die ursprüngliche Form der 1. Bildesilbe, die sich später an den „harten" Folgebuchstaben angepasst hat.)

auditor	cogitatio ❗	beatitudo
laudator ❗	exspectatio	pulchritudo
lector (< *leg-tor)	laudatio ❗	longitudo
liberator	liberatio	magnitudo
narrator	maledictio	multitudo ❗
rector (< *reg-tor)	mutatio	necessitas
scriptor (<*scrib-tor)	narratio	severitas
spectator	repetitio	dignitas

❗ Achtung, besonders nachdenken!

24.1 Delirant Romani?

Ein germanischer Junge vom Stamm der Ubier erlebt auf dem Forum in Köln zum ersten Mal ein römisches Begräbnis.

Coloniae Agrippinae Ubius cum filio forum petit. Ibi cives _____ urbis oratorem circumstant et

attente audiunt. Orator enim _____ voce virtutes civis _____ laudat. Et tempora

_____ et mores _____ maiorum laudibus _____ tollit. Tum filius patri dicit: „Nonne

caput VIII

Romani delirant, pater? Mortui orationem audire non possunt." Pater autem respondet: „O, quam stultus es! Orator orationem non civi _____, sed hominibus _____ habet."

Colōnia Agrippīna: römische Kurzbezeichnung für Köln – **Ubius:** Ubier, Angehöriger eines germanischen Stammes im Rheinland – **urbs, urbis (f.):** Stadt – **circumstāre:** umringen – **māiōrēs, -um:** Vorfahren – **dēlīrāre:** spinnen

In dem Text fehlen alle adjektivischen Attribute. Sie sind im Speicher in alphabetischer Reihenfolge aufgeführt. Setze sie unter Beachtung der KNG-Kongruenz in die Lücken ein.

Horreum
antiqua – bonos – magnā – mortui – mortuo – summis – totius – vivis

caput VIII

25.1 Wörter aufstöbern

C	A	R	M	I	N	A	X	X	T	M
O	F	F	E	R	T	I	S	G	O	V
X	X	C	I	V	E	S	H	E	T	L
I	V	O	R	A	T	I	O	N	I	T
M	I	R	A	R	E	M	M	T	V	I
P	R	P	T	I	M	P	I	I	S	T
R	T	O	I	V	P	E	N	V	V	V
I	V	R	S	M	O	R	E	M	I	D
M	T	A	X	X	R	A	M	X	I	I
I	E	M	I	L	I	T	V	M	S	N
S	V	P	E	R	B	O	R	V	M	E
V	X	O	R	E	V	R	B	I	V	M
P	A	R	T	E	S	E	V	O	C	E

Das nebenstehende Buchstabengitter enthält 24 lateinische Wörter mit drei oder mehr Buchstaben (kürzere Wörter gelten dieses Mal nicht als Lösung! Leserichtungen:
→ ↓ ; V = U oder V).

1 Schreibe in die unten stehende Tabelle die lateinischen Wörter heraus, gib zu ihnen, wo möglich, den Nom. Sg. und eine deutsche Bedeutung des Nominativs an.

2 Bei welchen beiden Wörtern kannst du nur die Bedeutung angeben? Warum?

_____
_____
_____
_____
_____
_____

Wort	Nom.Sg.	Bedeutung	Wort	Nom. Sg.	Bedeutung

caput VIII

K Ein farbloser Text

Hier findest du Text 25 aus dem Lehrbuch (Z. 1–7 und 16–19) noch einmal abgedruckt, allerdings sehr gekürzt und leicht verändert.

1. Prüfe zunächst durch eine mündliche Übersetzung, an welchen Stellen du den K-Text nicht mehr verstehst, weil ihm wichtige Informationen fehlen. Markiere diese Stellen direkt im K-Text durch ein ¥ (Auslassungszeichen).

2. Nimm anschließend das Buch und stelle durch einen Vergleich fest, welche Stellen tatsächlich ausgelassen wurden. Trage sie **alle,** auch wenn du sie in Aufgabe 1 nicht markiert hast, in die folgende Tabelle ein. (Du darfst dabei mit ... abkürzen.) Um welche Satzteile handelt es sich?

Tota urbs triumphum spectare et imperatori acclamare vult. Loca clamoris plena sunt. Mente fingite: iam tempus homines agmen exspectant. Tandem agmen apparet. Iam spectatores clamores audiunt. Per viam agmen ad Capitolium – spectate, illic Capitolium situm est – procedit. Ibi imperator cum senatoribus deis gratias agit pro victoria et victimarii Iovi Capitolino taurum immolant.

triumphus: Triumphzug – **acclāmāre:** zujubeln – **loca (n. pl.):** Plätze – **Capitōlium:** Kapitol – **victimārius:** Opferdiener – **Iupiter Capitōlīnus:** Kapitolinischer Jupiter (im kapitolinischen Tempel) – **taurus:** Stier – **immolāre:** opfern

Zeile im Lektionstext	ausgelassene Textstelle	Satzteil

repetitorium V–VIII

Summa

lat.	dt.	lat.	dt.

Das solltest du jetzt können:

- alle Formen des Personalpronomens (R 3, 4)
- das Possessivpronomen (R 1)
- die Reihung von Adjektiven (R 1)
- die Funktionen von Genitiv (R 1, R 3) und Ablativ (R 3)
- die verschiedenen Prädikatsnomina bei esse (R 6)
- Ortsangaben mit Besonderheiten (R 7)
- das Gerundium (R 7)
- die Formen der gemischten Deklination (R 5)
- KNG-Kongruenz zwischen Wörtern verschiedener Deklinationen (R 5)

R 1 Wenn Lehrer eine Reise tun

Nach der Ankunft in Rom wollen die jungen Pomponii mit Polybius die Stadt besichtigen.

Polybius severus mane liberos excitat: „Surgite, liberi! Pater vester iam diu domo abest. Semper primus negotia agit. Nemo nisi servi pigri Aurelii negotia fugiunt. Venite mecum! Meum est multa et iucunda vobis Romae monstrare. Sed verba mea attenti audire debetis!" Libenter liberi curiosi nova – tabernas, fora, templa – spectare volunt. Sed discere in spectando eis maximo odio est. Itaque minime laeti villam Aurelii relinquunt.

cūriōsus: neugierig – **templum:** Tempel

1. Übersetze den Text mündlich und markiere mit zwei Farben, welche Adjektive du attributiv bzw. prädikativ übersetzt hast. → **CG 7.3**

2. Markiere mit einer dritten Farbe substantivierte Adjektive. → **CG 4.5**. Achte auf die Reihung. → **CG 5.3**

3. Unterstreiche die Wörter, die ein Besitzverhältnis angeben. Welche Satzteile vertreten sie? → **CG 5.1.2; 5.4; 5.6**

repetitorium V–VIII

R 2 Wortschatztraining – Gegensatzpaare

Der folgende Wortspeicher enthält 13 Gegensatzpaare. Stelle sie, jeweils mit Übersetzung, in der Tabelle unten zusammen. Drei Wörter haben keinen Partner. Sie ergeben ein lateinisches Sprichwort. Was bedeutet es auf Deutsch?

Horreum

appropinquare – ante – bonus – consistere – cum – est – discedere – domo – domum – errare – hīc – humanum – ibi – imperare – imponere – ire – laetus – maestus – magnus – malus – mane – noster – pārēre – parvus – post – sine – tollere – vesperi – vester

lat.	lat.	dt.	dt.

repetitorium V–VIII

R 3   Lo-Te-In-So-Se und Ob-Po-Pa

a) *Ein gutes Gewissen ist auch was wert:* Vacare culpā magnum est solacium.

b) *Ohnmacht der Medizin:* Medicinā vincere fatum non potes.

c) *Für Geld kriegt man alles – auch in Rom:* Cuncta Romae ❗ cum pretio sunt.

d) *Wahre Freundschaft?* Homines amicitias utilitate probant.

e) *Man darf auch mal ausflippen:* Nemo hominum cunctis horis sapit.

f) *Die Namen der Gecken find't man an allen Ecken:* Nomina stultorum in cunctis parietibus vides.

g) *Nobody is perfect:* Quis vestrum ❗ sine peccato est?

h) *Grund zur Zufriedenheit:* Iucunda est memoria bonorum.

culpa: Schuld – **sōlācium:** Trost – **medicīna:** Heilkunst – **vincere:** besiegen – **fātum:** Schicksal – **pretium:** Preis – **amīcitia:** Freundschaft – **ūtilitās, -tātis (f.):** Nutzen – **probāre:** prüfen – **sapere:** vernünftig sein – **pariēs, -etis (m.):** Wand – **peccātum:** Fehler – **bonum:** die gute Tat

1 Übersetze mündlich die lateinischen Sprüche.

2 Markiere die Ablative und Genitive mit zwei verschiedenen Farben und gib in den Schreibzeilen darunter den Fachbegriff für ihre inhaltliche Bedeutung an. → **CG 5.1.2; 5.7; 6.2; 7.1; 7.5**

R 4   Gescheiterte Verabredung

In den folgenden Sätzen liegen die Formen des Personalpronomens als Geheimcode vierstelliger Zahlen vor. Das ist der Schlüssel:

1. Ziffer: Person			2. Ziffer: Kasus					3. Ziffer: Numerus		4. Ziffer: Genus		
ich	du	er, sie										
wir	ihr	sie	Nom.	Gen.	Dat.	Akk.	Abl.	Sg.	Pl.	m.	f.	n.
1	2	3	1	2	3	4	5	1	2	1	2	3

repetitorium V–VIII

Entschlüssele mit seiner Hilfe die Pronomina. → **CG 4.3; 5.5; 6.4**

Publius: „Livia semper **1411** _____ salutat."

Lucius: „Ubi est Livia? Hodie **3412** _____ iam diu exspecto."

Marcus et Quintus: „Num Livia **1421** _____ fugit?"

Sextus: „Livia Marco et Quinto amica est. Tamen **3321** _____ libenter illudit. Certe hodie venire non potest."

Tertia et Iulia: „Livia **1322** _____ quoque amica est; itaque **1421 = 1422** _____ non deseret."

Caius: „**1111** _____ puellas non diligo. Itaque cum **3522** _____ numquam ludo."

Cnaeus: „Ubi est Rufus? Nonne **3311** _____ placuit hodie **1521** _____cum natare?"

Quintia: „Natare **1321 = 1322** _____ non licet. Polybius enim **3413** _____ vetuit."

Aulus: „Quintia **1311** _____ molesta est. Nec natare nec magistrum illudere vult."

dēseret: sie wird sitzen lassen – **numquam:** niemals – **placuit** + Dat.: er/sie wollte – **vetuit:** er/sie hat verboten

R 5 Kasusketten

Bilde von der Startform ausgehend die geforderten Kasusformen (→ **CG 8.2; 8.3**) folgender Ausdrücke:

→ orator bonus	Pl.:	Dat.:	Sg.:	Akk.:
Pl.:	Abl.: cum	Sg.: cum	Gen.:	Pl.:

→ hominum malorum	Sg.:	Nom.:	Pl.:	Dat.:
Sg.:	Akk.:	Pl.:	Abl.: cum	Sg.: cum

→ voce magna	Pl.:	Dat.:	Sg.:	Nom.:
Pl.:	Akk.:	Sg.:	Gen.:	Pl.:

→ tempora antiqua	Sg.:	Abl.:	Pl.:	Gen.:
Sg.:	Dat.:	Pl.:	Akk.:	Sg.:

repetitorium V–VIII

R 6 „Starke Worte" eines Politikers

Publius hört gelangweilt einer politischen Rede zu. Am Schluss schwirren ihm nur noch Schlagworte im Kopf herum. Kannst du die Sätze rekonstruieren? Die (Subjekte) findest du in ovalen „Denkblasen", schon vornummeriert, die [Prädikate] in rechteckigen Kästen. Bilde aus je einer Subjektblase und einem Prädikatskasten einen sinnvollen Satz, übersetze ihn und gib anschließend in Klammern an, welchen Kasus das lateinische Prädikatsnomen hat. → **CG 3.3.2; 5.1.3; 6.5**

- *gentes superbas vincere* 2
- *nobis auxilio sunt*
- *nostrorum militum est*
- *magno in honore sunt*
- *tempora antiqua* 4
- *virtutes maiorum* 5
- *nobis est*
- *magnum imperium* 1
- *nos* 3
- *terrarum domini sumus*

vincere: besiegen – **māiōrēs,** -um: Vorfahren – **terra:** Land

1 _____

2 _____

3 _____

4 _____

5 _____

repetitorium V–VIII

R 7   Begegnung in Rom

Lucius und Publius bummeln durch Rom.

Lucius Publiusque pueri eundo defessi sunt et locum ad requiescendum idoneum quaerunt. Subito puer ignotus Publium in currendo paene evertit. „Nonne habes oculos? Quis es et unde venis?" – „Marcus sum. Como venio." – „Quid Romae facis?" – „Litteris studeo." – „Cur non Comi discis?" – „Domi magistros bonos non habemus." – „Non credo, nam ubique homines docti vivunt." – „Sic non est. In parvo municipio vivimus, non in urbe magna. Pater me discendi causā Romam misit, nam ei multum pecuniae est." Nunc Publius tacet …

requiēscere: sich ausruhen – **idōneus:** geeignet – **paene:** fast – **ēvertere:** umstoßen – **oculus:** Augen – **Cōmum:** Comum (Stadt in Oberitalien, heute Como) – **ubīque:** überall – **mūnicipium:** Landstadt – **mīsit:** er hat geschickt

1 Unterstreiche die nd-Formen im Text, trage sie dann hier ein und übersetze die verkürzten Sätze. → **CG 7.4**

_____ defessi sunt. _____

Locum _____ idoneum quaerunt. _____

_____ Puer Publium _____

_____ paene evertit. _____

_____ Pater me _____ Romam misit.

_____

2 Markiere im (Lang-)Text mit drei verschiedenen Farben die Ortsangaben auf die Fragen woher?, wo?, wohin? → **CG 7.1; CG 7.2**

3 Trage die von Städtenamen oder domus („Haus") gebildeten Ortsangaben in die Tabelle ein und vervollständige die fehlenden Formen.

Woher?	Wo?	Wohin?

caput IX

26.1 Was für ein Mensch ist dieser Brennus?

Brennus est …

… homo improbus.

… senator.

… amicus populi Romani.

… mulier.

… magister valde doctus.

… sacerdos.

… miles miser.

… homo impius.

… rex Gallorum.

… victor Romanorum.

… legatus Romanorum.

1 Übersetze alle Ausdrücke in den Sprechblasen, die ein Genitivattribut enthalten. Welche Überlegung ist bei der Übersetzung der Genitivformen wichtig? → **CG 7.5**

_____
_____
_____

2 Welchen Aussagen in den Sprechblasen hätte ein Römer zugestimmt? Färbe sie an.

3 Gib jeder angefärbten Sprechblase eine Zahl und begründe mit Textstellen aus dem Lehrbuchtext 26, warum du dich in Aufgabe 2 für sie entschieden hast.

1: _____
_____
_____
_____

26.2 Es geht nicht immer „wörtlich"!

„Komposita" (aus einer Vorsilbe und einem Grundwort „zusammengesetzte" Verben) lassen sich oft leicht in ihrer Bedeutung erschließen, wenn die Bedeutung der Einzelbestandteile bekannt ist (→ **Buch S. 43, W1**; in unserer Übung: Typ 1). Aber es kommt auch vor, dass Komposita etwas anderes bedeuten, als man nach den beteiligten Einzelwörtern erwarten würde (Typ 2). In wenigen Fällen verändert die Vorsilbe die Bedeutung des Grundwortes überhaupt nicht (Typ 3).
Überlege dir zu den Komposita in der Tabellenspalte ganz links zunächst immer das Grundverb und seine Bedeutung.
Zu welchem Typ gehört dann das Kompositum? Trag seine deutsche Bedeutung in die richtige Tabellenspalte ein.

48

caput IX

	Typ 1: „wörtlich"	Typ 2: Kompositum mit „neuer" Bedeutung	Typ 3: Kompositum wie Grundwort
abire			
adesse (+ Dat.)			
adiuvare			
advenire			
advocare			
illudere			
inesse			
interrogare			❗
procedere			
prohibere			
proponere			
repetere			

❗ Nur eine Bedeutung des Grundworts ist im Kompositum enthalten, die andere nicht!

27.1 Aus 1 mach 2 – Typ: Dehnung (ohne oder mit Vokaländerung)

Trage in der folgenden Tabelle den jeweils fehlenden Stamm ein und achte beim Schreiben auf das Setzen des Längenzeichens über dem Stammvokal.

❗ Achtung, ein Wort passt nicht in die Tabelle! Welches? Begründe deine Antwort. → CG S. 75–78

Präsensstamm	Perfektstamm	Präsensstamm	Perfektstamm
	vīc-	relinqu-	
capi-			dēfēc-
	adiēc-	vidē-	
fugi-			vēn-
	mōv-	leg-	
intelleg-			accēp-
	ēg-	faci-	

caput IX

27.2 Ein Telegramm aus Kleinasien

Verwandle die folgenden Präsensformen ins Perfekt → **CG S. 75–78**:

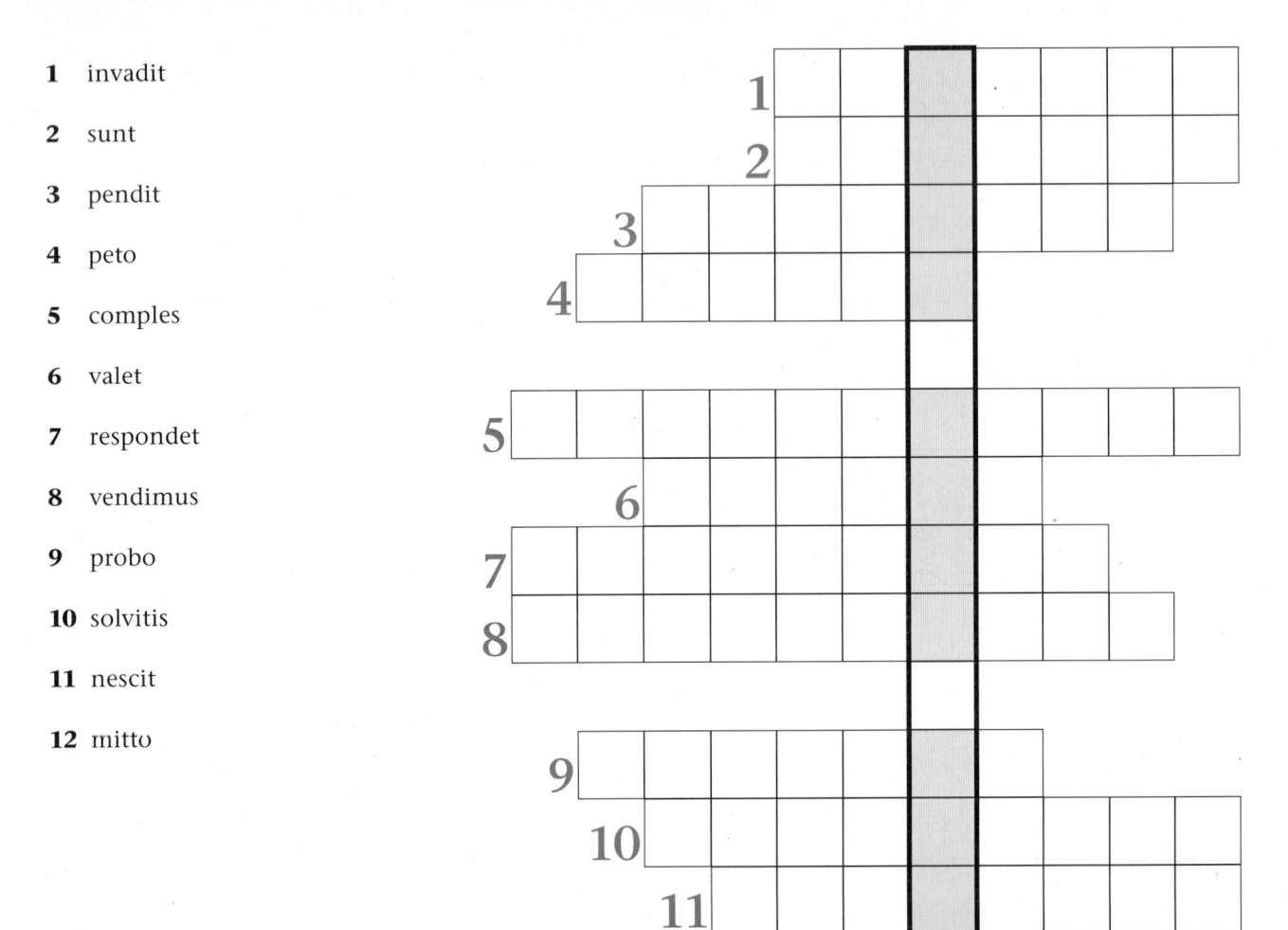

1. invadit
2. sunt
3. pendit
4. peto
5. comples
6. valet
7. respondet
8. vendimus
9. probo
10. solvitis
11. nescit
12. mitto

Bei richtiger Lösung ergeben die Buchstaben in der hervorgehobenen Spalte den Kurzbericht, den Caesar nach einem Blitzsieg aus Kleinasien nach Rom schickt.

Übersetze dieses „Telegramm".

caput IX

K Die Invasion der Gallier unter Brennus – einmal aus deren Sicht

Sicher erinnerst du dich an die Geschichte vom Galliersturm auf das Kapitol. Ein Gallier hätte die Ereignisse bestimmt anders dargestellt. So schwärmt ein Gallier im Jahre 50 v. Chr. – Caesar hat inzwischen seine Heimat erobert – vor seinen Enkeln von den Zeiten, in denen die Gallier die Römer noch das Fürchten lehrten:

Antiquis temporibus nos Galli Romanis nondum paruimus. Aliquando nostros propter multitudinem hominum cibi defecerunt. Itaque rex Brennus, unus e praeclaris maioribus, agros a Clusinis petivit. Clusini autem agros non dederunt, immo legatos Romam miserunt. Tum legati Romanorum etiam arma contra nos ceperunt et sic ius gentium violaverunt.

Itaque Brennus rex multis cum militibus Romam invasit. Legiones Romanas vicit et a populo Romano multum auri argentique accepit. Brennus autem Romanis dixit: „Vae vobis! Nondum satis auri argentique dedistis, Romani!"

nostrī: unsere Leute – **propter** + Akk.: wegen – **māiōrēs, -um**: Vorfahren – **arma, -ōrum (pl.)**: Waffen – **contrā** + Akk.: gegen – **iūs gentium, iūris gentium (n.)**: Völkerrecht – **violāre**: verletzen – **satis**: genug

1 Übersetze.

2 Markiere die beiden Genitivausdrücke im lateinischen Text, die du nicht mit deutschem Genitiv wiedergeben kannst. Wie nennt man diese Funktion des lateinischen Genitivs?

caput X

28.1 Was gehört zusammen?

Setze zu den Hauptsätzen 1–4 die passenden Nebensätze aus a bis d (vgl. den Text 28 im Buch, S. 67). Gib zu Beginn jeder Schreibzeile deine Kombination an (z. B. „1c"); dann übersetze die Satzgefüge!

1 Legati Prusiae mentionem fecerunt de Hannibale,

2 Romani dixerunt: „Hannibal nobis insidias parabit,

3 Prusias Hannibalem dedere debebat,

4 Hannibal iam diu milites Romanorum exspectavit,

a) quod erat amicus populi Romani.

b) cum forte apud T. Qu. Flamininum cenabant.

c) quod perfidiam regis non ignorabat.

d) dum vivet."

mentiōnem facere dē + Abl.: erwähnen – **īnsidiās parābit**: er wird nachstellen – **dēdere**: ausliefern – **perfidia**: Treulosigkeit – **vīvet**: er lebt (wörtl.: er wird leben)

1 _____

2 _____

3 _____

4 _____

28.2 aus 1 mach 2 – Typ s-Perfekt

Trage jeweils den fehlenden Stamm in die Tabelle ein.
❗ Achtung: Ein Verb passt nicht in die Tabelle! Welches? Begründe deine Antwort.

Präsensstamm	Perfektstamm	Präsensstamm	Perfektstamm
	dimis-	sum-	
exced-			lus-
aspici-		leg-	
surg-			rex-

caput X

29.1 Hier ist niemand wasserscheu!

Markiere im folgenden Wortspeicher die Wörter, die zum Sachfeld Wasser gehören:

Horreum
aqua – verberare – litus – praeda – sitire – humi – flumen – horrere – stagnum – natare – narrare – miser – bibere – unde – unda – repetere – pons

29.2 Bist du schwindelfrei?

1. Du darfst dich vom Startfeld (**initium**) aus zum Ziel (**finis**) nur von Perfektform zu Perfektform weiterbewegen. Mit wievielen Schritten kommst du zur Turmspitze?
2. Schreibe unter die Perfektformen die entsprechenden Präsensformen.
3. Markiere die Wörter, die keine Verbformen sind.

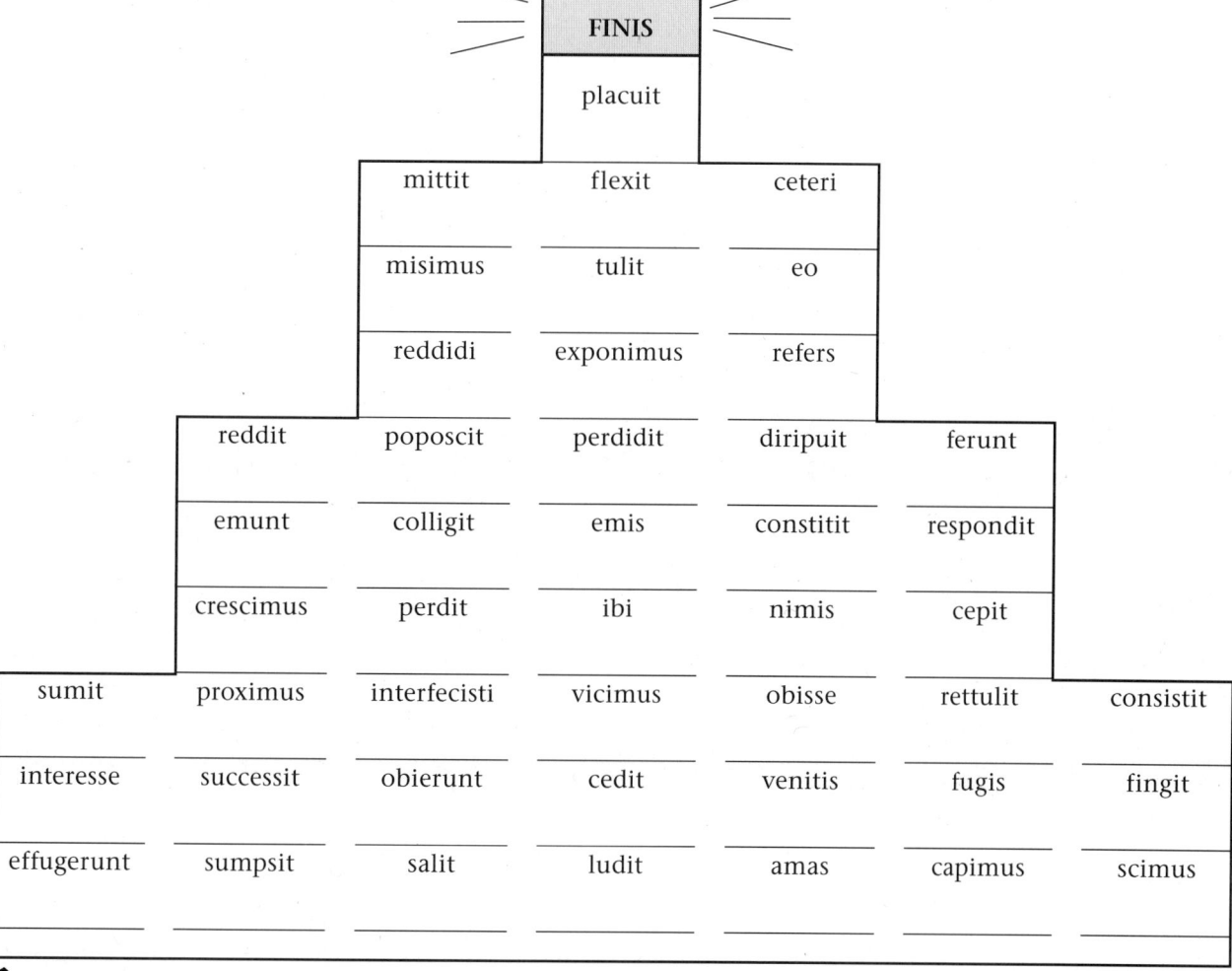

FINIS

			placuit			
		mittit	flexit	ceteri		
		misimus	tulit	eo		
		reddidi	exponimus	refers		
	reddit	poposcit	perdidit	diripuit	ferunt	
	emunt	colligit	emis	constitit	respondit	
	crescimus	perdit	ibi	nimis	cepit	
sumit	proximus	interfecisti	vicimus	obisse	rettulit	consistit
interesse	successit	obierunt	cedit	venitis	fugis	fingit
effugerunt	sumpsit	salit	ludit	amas	capimus	scimus

↑ **INITIUM**

caput X

29.3 Perfekt oder nicht Perfekt – das ist keine Frage

Bei drei der folgenden Verbformen sagt dir nur der Kontext, ob ein Perfekt oder ein Präsens vorliegt. Gib zu diesen drei Formen die **erste Person Singular** im Präsens an. Zu den übrigen Formen bilde die **entsprechenden** Präsensformen (d. h.: Person und Numerus bleiben unverändert).

Perfekt	Umformung ins Präsens	Perfekt	Umformung ins Präsens
respondit		solvit	
tulimus		venistis	
ascendit		accurrimus	
movimus		tacuerunt	
deposuerunt		potuisti	

K Satzteil-Flipper

Unser frecher Delphin hat aus den folgenden Sätzen die Satzergänzungen stibitzt und sie beim Spielen völlig durcheinandergebracht.

1 Setze jede Ergänzung wieder in den Satz ein, zu dem sie passt. Die Bedeutung der Prädikate hilft dir dabei.

2 Übersetze den so wiederhergestellten Text.

(Subjekt/ Konnektor)	(Ergänzung)	(Prädikat)
Cum pueri		natabant,
delphinus		occurrebat.
Aliquando		successit,
et puer		insiluit,
postquam		deposuit.
Dehinc puer		cottidie saliebat
et		ludebat.
Homines		concurrebant,
quod		spectare volebant.

54

caput X

delphīnus: Delphin – **occurrere:** begegnen – **insilīre** + Dat.: aufspringen auf – **dehinc:** seitdem – **concurrere:** zusammenströmen – **altum:** offenes Meer – **mīrāculum:** Wunder

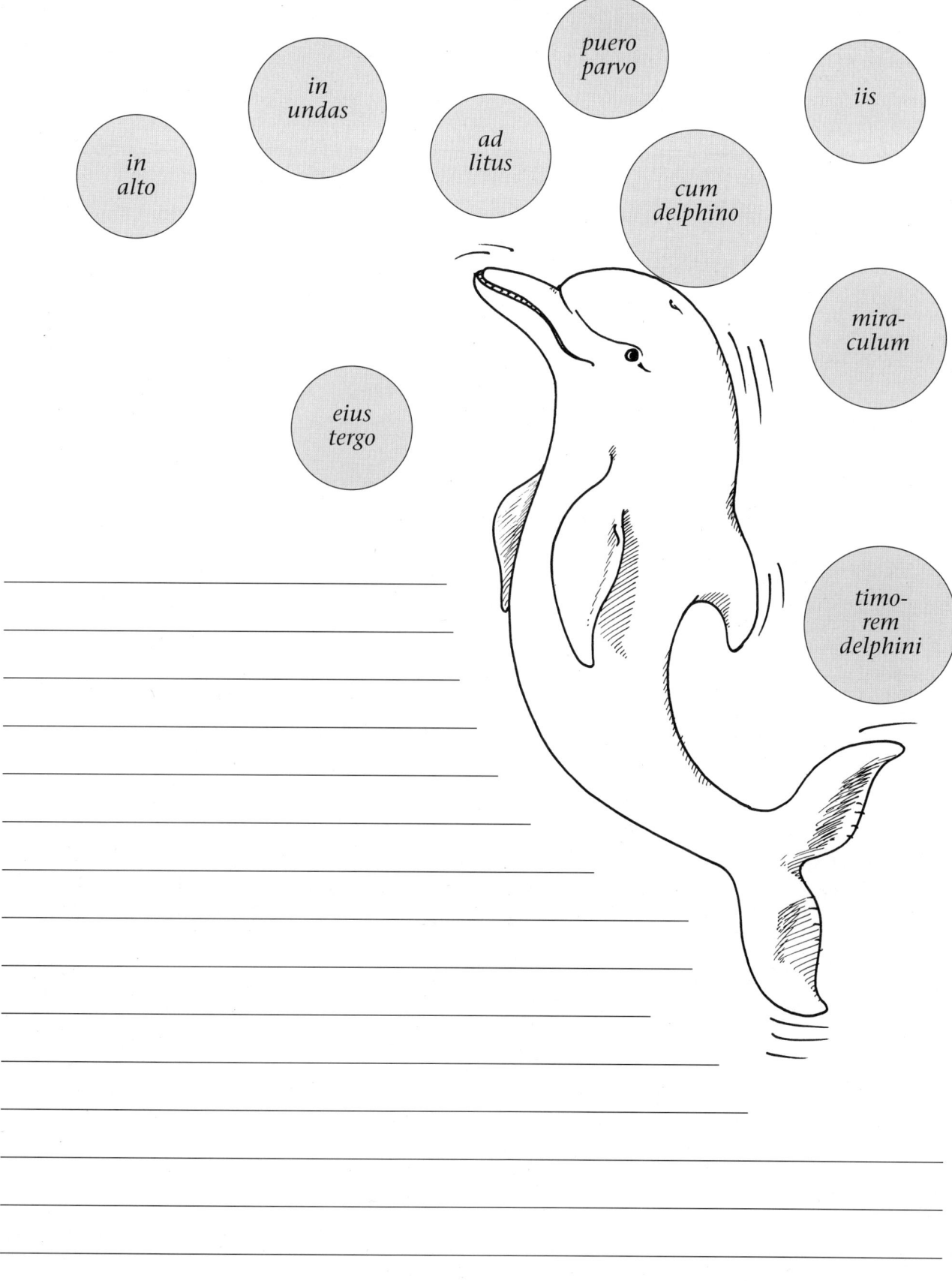

- in alto
- in undas
- ad litus
- puero parvo
- cum delphino
- iis
- miraculum
- eius tergo
- timorem delphini

caput XI

30.1 Odysseus bei Polyphem

Sicher ist dir der griechische Held Odysseus (lat. Ulixēs, -is) bekannt, von dem uns der griechische Dichter Homer erzählt. Auf seiner zehnjährigen Irrfahrt (Odyssee) begegnete er Riesen, die wegen ihres kreisförmigen Auges in der Stirnmitte „Kyklopen" (griech.: „Kreis-Augen") genannt werden. In einer Höhle wohnte der berühmteste von ihnen, Polyphemos (griech.: „Vielgerühmter"; lat. Polyphemus), ein Sohn des Poseidon, der gerne Menschenfleisch fraß.

Aliquando Ulixes in erroribus in antrum Polyphemi, cui unus oculus in fronte erat, invasit. Polyphemus, postquam domum rediit, Ulixem eiusque comites invenit, quamquam in antro bene latebant. Statim unum ex eis cepit et devoravit. Dum comites timidi fortunam eius miseram deflent, Ulixes, eorum dux, Polyphemo vinum, quod secum ferebat, praebuit. Is autem, postquam bibit: „Dic mihi" inquit „nomen tuum!" Ulixes ei respondit: „Nemo vocor." Paulo post, dum Polyphemus vini plenus dormit, Ulixes trunco oculum eius laesit et sic se suosque servavit.

error, -ōris (m.): Irrfahrt – **antrum:** Höhle – **oculus:** Auge – **frōns, frontis (f.):** Stirn – **invenīre:** (Perfektbildung wie bei venīre) – **dēvorāre:** verschlingen – **dēflēre:** beweinen – **dux, ducis (m.):** Anführer – **bibere, (Perf.) bibī – vocor:** ich heiße – **truncus:** Pfahl – **laedere, laesī:** verletzen

1 Übersetze den Text mündlich. Unterstreiche alle Textpassagen, die auf ein Besitzverhältnis hinweisen, und zwar die Possessivpronomina (→ **CG 5.6; 10.3**) rot. Wie heißen die Fachbegriffe für die anderen beiden besitzanzeigenden Ausdrücke im Text? → **CG 3.3.2; 5.1.2**

_____

_____

2 Zeichne im Text von jedem Possessivpronomen einen Pfeil zu dem Wort ein, auf das es verweist.

3 Welches Possessivpronomen ist substantiviert? _____

4 Wo würdest du im Deutschen ein Possessivpronomen benutzen, obwohl im lat. Text keines steht? Zitiere lateinisch!

_____

5 Wir verändern jetzt ein Wort im 4. Satz:

Dum comites timidi fortunam suam miseram deflent, ...

Wessen Schicksal beweinen die Gefährten des Odysseus jetzt?

_____

6 Rate: Warum hat Odysseus behauptet, sein Name sei „Niemand"?

_____

_____

caput XI

31.1 Nihil nisi quaestiones – Lauter Fragen

Aurelius und seine Frau bestürmen die beiden Jungen nach ihrem Besuch des Circus Maximus mit Fragen, ohne ihnen Zeit zum Antworten zu lassen.

1 Bilde aus dem Speicher der Fragewörter sinnvolle Fragen. (❗ Bei Frage 9 gibt es zwei Möglichkeiten. Setze die beiden Fragewörter nacheinander ein und mach dir den Bedeutungsunterschied klar.)

1. _____ tam diu fuistis? – 2. _____ nunc reditis? – 3. _____ in circo curricula spectavistis? – 4. _____ factio curriculo vicit? – 5. _____ tam diu in urbe egistis? – 6. _____ spectatores agitatores incitaverunt? – 7. _____ sero redistis? – 8. _____ prima luce contendistis? – 9. _____ equi primo curriculo vicerunt? – 10. _____ primus metae appropinquavit?

curriculum: Rennen – **factiō, -ōnis (f.):** (Renn-)Partei – **agitātor, -ōris:** Wagenlenker – **mēta:** Wendemarke

---
Horreum

cuius – cur – quae – qui – quid – quis – quo – quo – quomodo – ubi – unde

---

2 Überlege bei jeder Frage, wer sie gestellt haben könnte – Aurelius oder seine Frau. (Was interessiert ihn am meisten? Was sie?) Dann markiere die Fragen mit zwei unterschiedlichen Farben.

caput XI

31.2 Ein misslungener Bestechungsversuch

Bei der folgenden Übung nimmt in jedem Satzpaar eine Form von is, ea, id ein Wort oder einen Ausdruck aus dem vorangehenden Satz auf (z. B. in a: ad Pyrrhum regem – is). Mit einem Relativpronomen lassen sich die beiden Sätze noch enger verknüpfen.

1. Ersetze die Formen von is, ea, id durch ein Relativpronomen → **CG 11.5; 11.4.2.** ❶ Das Relativpronomen muss natürlich am **Beginn** des Relativsatzes stehen, um ihn einzuleiten. In einem Fall solltest du den Relativsatz in den Hauptsatz einschieben, um ihn nicht zu weit von seinen Beziehungswörtern zu trennen. ❶ cum quibus = quibuscum

2. Übersetze die verknüpften Sätze.

Der griechische König Pyrrhus hatte die Römer besiegt.

a) Itaque Romani C. Fabricium senatorem de pace ad Pyrrhum regem miserunt.

   Is Romanum hospitio accepit.

b) Quin etiam dona ad senatorem misit. C. Fabricius ea recusavit.

c) Itaque ceteri Romani senatorem probum nominaverunt. Cum iis C. Fabricius ad Pyrrhum venerat.

d) Dixerunt: „Rex famam Fabricii laedere voluit. Eius mores nobis iam diu noti sunt."

dē pāce: wegen Friedensverhandlungen – **hospitiō accipere:** gastfreundlich aufnehmen – **recūsāre:** zurückweisen – **probus:** anständig – **fāma:** guter Ruf – **laedere:** (be-)schädigen – **nōtus:** bekannt

caput XI

32.1 Rösselsprung

In dem folgenden Worträtsel verbergen sich zehn lateinische Wörter. Du findest sie, wenn du wie beim Schachspiel im Rösselsprung ziehst: ein Feld gerade vorwärts, dann eines diagonal vorwärts; die Silben von Anfangs- und Schlussfeld des Sprungs bilden zusammen das Wort. Dieselbe Silbe darf in mehreren Wörtern vorkommen; V = U.
Sammle die zehn Wörter in den Schreibzeilen und markiere diejenigen von ihnen farbig, die einen Gliedsatz einleiten können.

AT	V	QVAM	TEM	ITA
QVAM	AV	QVE	NIM	I
NE	E	BI	POST	QVO

_____

_____

32.2 Aus 1 mach 2 – Typ: neuer Stamm

Trage jeweils den fehlenden Infinitiv in die Tabelle ein.

Inf. d. Gleichz.	Inf. d. Vorz.
esse	
ferre	
	rettulisse

Inf. d. Gleichz.	Inf. d. Vorz.
	adfuisse
auferre	
	afuisse

K   Camillus, der noble Sieger

Nachdem der griechische Sklave mit seinem Versuch, Falerii zu verraten, gescheitert war, hat sich die Stadt aus Bewunderung für den ehrenhaften Römer Camillus kampflos ergeben. Zu Hause könnte Camillus etwa folgendermaßen mit seiner Tat geprahlt haben:

Dum Falerios obsideo, servus Graecus ad me venit, qui cottidie discipulos in campum ducebat – erat enim

magister puerorum Faliscorum. Mihi dixit: „Ecce, Falerios tibi cum liberis trado." At ego: „Munus tuum

scelestum non accipio. Nam populus Romanus semper sua virtute hostes vicit. Nec dux militum scele-

caput XI

storum nec homo gentis scelestae sum. Sunt nobis et pacis et belli iura, quae ego non neglego. Urbem eiusque incolas armis, non fraude vincam." Postquam sic servo maledixi, pueris virgas dedi, quibus magistrum suum verberabant.

scelestus: verbrecherisch – **neglegere:** nicht beachten – **arma, -ōrum (pl.):** Waffen – **vincam:** ich will besiegen – **virga:** Rute

1 Übersetze den Text.

2 Markiere im lateinischen Text alle Angaben von „Zugehörigkeit" mit Farbe und unterstreiche den jeweiligen „Besitzer".

3 Erkläre den Unterschied in der Verwendung von suus, -a, -um und eius. → **CG 10.3**

caput XII

34.1 Ein böses Vorzeichen

Vor dem Tod Karls des Großen gab es mehrere Ereignisse, die als Vorzeichen auf ein bevorstehendes Unglück gedeutet wurden. So berichtet der Verfasser von folgender Inschrift an einer Basilika:

Erat in eadem basilica titulus, qui nominabat auctorem eiusdem basilicae et cuius verba ultima erant:

KAROLVS PRINCEPS. Eodem anno, quo Karolus princeps mortem obiit, litterae, quae verbum PRINCEPS

exprimebant, non iam apparuerunt.

basilica: Kirche – **titulus:** Inschrift – **auctor, -ōris (m.):** Erbauer – **prīnceps:** Kaiser – **mortem obīre:** sterben – **exprimere:** ausdrücken – **appārēre:** sichtbar sein

1. Übersetze den Text mündlich.

2. An welchen Stellen werden die Formen von īdem, eadem, idem benutzt wie is, ea, id (→ **CG 12.1.4**), greifen also ein Substantiv verstärkend wieder auf, das zuvor bereits genannt war (**Fall a;** Übersetzung: „dieser erwähnte") ? An welchen Stellen führt die Form von īdem einen Vergleich ein (**Fall b;** Übersetzung: „derselbe") ? Nummeriere die Formen von īdem im lateinischen Text und ordne in der Schreibzeile die Nummern den beiden Fällen zu.

   Fall a: _____   **Fall b:** _____

34.2 Ein Brief aus Rom

Publius hat seinem Freund Marcus einen Brief aus Rom geschrieben. Leider wurde der Brief unterwegs beschädigt, sodass Marcus einige Wörter ergänzen muss.

Ergänze die fehlenden Wortteile. Zur Kontrolle findest du sie im Horreum.

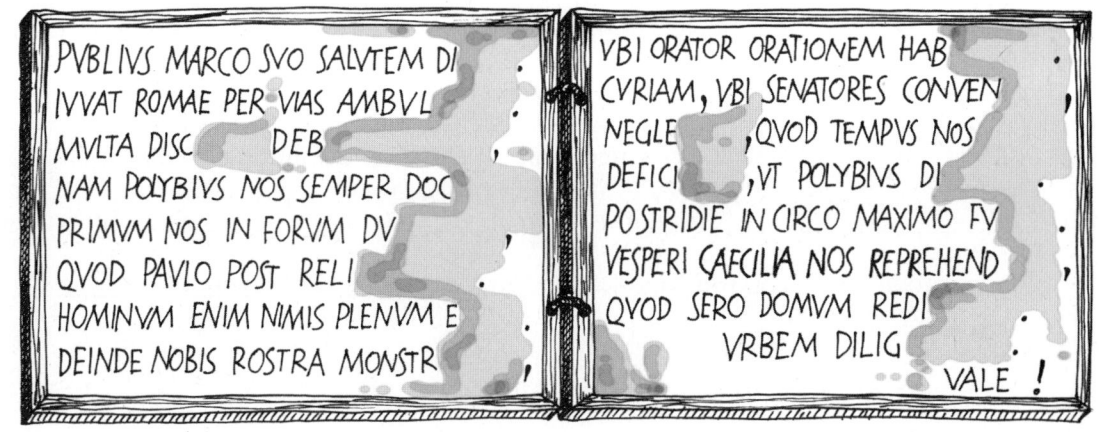

```
PVBLIVS MARCO SVO SALVTEM DI
IVVAT ROMAE PER VIAS AMBVL
MVLTA DISC         DEB
NAM POLYBIVS NOS SEMPER DOC
PRIMVM NOS IN FORVM DV
QVOD PAVLO POST RELI
HOMINVM ENIM NIMIS PLENVM E
DEINDE NOBIS ROSTRA MONSTR

VBI ORATOR ORATIONEM HAB
CVRIAM, VBI SENATORES CONVEN
NEGLE    , QVOD TEMPVS NOS
DEFICI   , VT POLYBIVS DI
POSTRIDIE IN CIRCO MAXIMO FV
VESPERI CAECILIA NOS REPREHEND
QVOD SERO DOMVM REDI
VRBEM DILIG
                        VALE !
```

salūtem dīcere: grüßen – **ambulāre:** spazieren gehen – **cūria:** Rathaus – **convenīre:** zusammenkommen – **reprehendere,** (Perf.) **reprehendī – valē:** leb' wohl

---

Horreum

are – avit – cit – ebat – ebat – emus – eramus – ere – et – imus – it – iunt – o – quimus – rat – xit – xit – xit

caput XII

35.1 Das kleine „ali"

Die Vorsilbe ali = irgend kann aus Fragewörtern Indefinitadverbien machen. (Wenn das Fragewort mit Vokal beginnt, tritt manchmal ein trennendes „c" zwischen das „i" der Vorsilbe und das Fragewort.)

1. Was bedeuten also ali-c-ubi, aliquo, ali-c-unde?

   _____

2. Umgekehrt kennst du aliquando. Was bedeutet also das Fragewort quando?

   _____

3. In etwas abweichender Bedeutung ist das ali z.B. im lat. ali-us und al-ibi eingesetzt. Das lat. al-ibi (<*ali-ibi) ist der Ursprung für unser Wort „Alibi". Was müssen Tatverdächtige nachweisen, wenn von ihnen ein „Alibi" verlangt wird?

   _____

35.2 Überschrift gesucht!

Betrachte nebenstehendes Bild einer brennenden Stadt und fülle mit seiner Hilfe die Lücken in den Sätzen. Die fehlenden Wörter findest du im Horreum.
Du wirst feststellen, dass du den Inhalt zweier Sätze im Bild nicht wiederfindest. Die Lückenwörter dieser beiden Sätze ergeben die gesuchte Überschrift. Trag sie in die Leerzeile über dem Bild ein.

Magnam cladem hic vides: Flammae _____ iam ascenderunt magnumque numerum _____ deleverunt. Incolae _____ exstinguere non possunt. Homines, qui salutem _____ comparaverunt, per vias et _____ errant. Quidam _____ adiuvant. Multi _____, quod annis confecti sunt, vix effugere possunt. Ecce – nonnulli impii bona _____ diripiunt. Alii per _____ aedificia proruere incipiunt, nam eo modo flammas exstinguere volunt. Nunc civibus pecuniā ciboque _____. Imperator pauperibus _____ venire debet.

clādēs, -is (f.): Katastrophe – **cōnfectus:** geschwächt – **bona (pl.):** Hab und Gut – **prōruere:** niederreißen

---

Horreum

aedificiorum – auxilio – campos – ignem – loca alta – magnum spatium – opus est – senes – sibi – suos – vicinorum

caput XII

35.3 Saepe confusum

In den folgenden Satzbeispielen unterscheiden sich je zwei lateinische Wörter nur in einem Laut. Ergänze den fehlenden Laut.

a) Mu____us servi Graeci Camillus non accepit. – Mu____us aedificii concidit.

b) In m____nte Capitolino templum Capitolinum stat. – Homines miracula m____nte capere non possunt.

c) Men____is duodecima pars anni est. – Tu homo men____is sanae non es.

d) C____de a periculo aut c____de in periculum.

Capitōlīnus: kapitolinisch – **mīrāculum:** Wunder – **duodecimus:** zwölfter – **sānus:** gesund

caput XII

K Der Feuerwehrhauptmann erstattet dem Kaiser Bericht

O Tiberi, ea, _____ vidimus, nos valde terruerunt. Magnam cladem accepimus, quia incendium cunctas paene regiones urbis delevit. Flammas, _____ multos homines et divites et pauperes interfecerunt, summo cum studio exstinguebamus. Aedificia, _____ muri conciderant, nos valde impediverunt. Saepe ignis homines, _____ per vias currebant, cinxit et sic interfecit. Vidimus etiam, _____ non credes: nonnulli homines bona, _____ alii in aedificiis reliquerant, diripuerunt."

clādēs, -is (f.): Katastrophe – **cingere, cīnxī:** umzingeln, einschließen – **crēdēs:** du wirst glauben – **bona (pl.):** Hab und Gut

1 Setze die passenden Relativpronomina ein und verbinde sie durch einen Pfeil mit ihren Beziehungswörtern im Hauptsatz. Bei welchem Relativpronomen findest du kein Beziehungswort?

> **Horreum**
>
> quae – quae – quae – quae/quod – qui – quorum

2 Übersetze den Text.

repetitorium IX–XII

Summa

lat.	dt.	lat.	dt.

Das solltest du jetzt können:

- Formen und Verwendung der Tempora Perfekt, Imperfekt, Plusquamperfekt (XII 34.2)
- die Perfektstämme der wichtigsten Verben (R 3, 4, 5, 7)
- Satzverknüpfungen und Zeitverhältnisse (R 1)
- die Possessivpronomina eius, eorum, earum bzw. suus, sua, suum (XI 30.1, XI K)
- Interrogativ- und Relativpronomina unterscheiden (R 2)
- Funktionen des Pronomens is, ea, id (XI 30.1, XI 31.2; R 6)

R 1 Unterordnung oder Beiordnung?

1 Markiere im Speicher die Konnektoren farbig, die einen Gliedsatz einleiten können. → **CG 11.3**

2 Zwei Konjunktionen muss man sich wegen der vom Deutschen unterschiedlichen Tempusverwendung besonders gut merken. Welche sind das? Kreise sie ein. → **CG 11.2**

Horreum

at – autem – cum – deinde – dum – enim – itaque – nam – nisi – postquam – quamquam – qui – quod – sed – si – ubi – ut – vel

---

R 2 Pomponius vermisst seine Frau

Nicht immer ist es Pomponius, der wegfährt: Auch seine Frau Aurelia besucht manchmal ihren Bruder in Rom, während Pomponius auf dem Pompeianum bleibt. Bei einer solchen Gelegenheit schreibt er ihr folgenden Brief:

repetitorium IX–XII

Marcus Aureliam suam salutat.

Numquam tam diu Pompeiis afuisti. Quam te desidero! Qua de causa? Primum, quod te amo, deinde, quod non libenter a te absum. Noctu dormire non possum, quod te ante oculos habeo. Interdiu pedes me horis, quas semper tecum agebam, ad diaetam tuam ducunt, quam paulo post maestus relinquo. Uno tempore non doleo, quo cum amicis in foro sum. Quae vita est mihi, qui requiem in labore quaero? Vale!

dēsīderāre: vermissen – **causa:** Grund, Ursache – **noctū:** nachts – **dormīre:** schlafen – **oculus:** Auge – **interdiū:** tagsüber – **agere:** verbringen – **diaeta:** Ruhezimmer – **requiēs (f.):** Ruhe – **valē:** leb' wohl!

1 Übersetze den Text.

2 Markiere mit zwei verschiedenen Farben im lateinischen Text, wo **qui, quae, quod** als Relativpronomen und wo es als Interrogativpronomen benutzt wird.

3 Verbinde beide Arten von Pronomina jeweils durch Pfeile mit ihren Beziehungswörtern.

4 Warum kann **quod** in diesem Text kein Pronomen sein? Überlege dir deine Antwort gründlich; du brauchst sie aber nicht aufzuschreiben. Dann vergleiche im Lösungsschlüssel.

R 3   Eine schwere Last

Bei der folgenden Aufgabe hat ein Kran schwere Arbeit zu leisten. Was tut er? Die Antwort steht in den Feldern zwischen den beiden dunklen Seilen. Fülle alle Baumstämme mit den richtigen Perfektformen zu den folgenden Präsensformen aus:

colligit – incendo – poscitis – praefert – tangunt – terreo – volo

❗ Richte die Reihenfolge deiner Lösungswörter nach der unterschiedlichen Länge der Baumstämme.

repetitorium IX–XII

R 4 Was ist „normal"?

Markiere die Wörter, die in der Stammreihe dem „Normaltyp" folgen. → **CG 9.2.3**

ridere – impedire – dare – delere – censere – servare – adiuvare – obsidere – oppugnare – favere – iacēre – merere – negare – salire

R 5 „Grundwörter"

Ordne die zusammengesetzten Verben aus dem Horreum in die Tabelle ein und bilde nach dem „Grundwort" jeweils die Stammreihe.
❗ In einem Fall hattest du die Stammreihe des Grundworts noch nicht, du kennst aber schon mehrere seiner Komposita mit ihren Perfektstämmen. Wie lautet die Stammreihe des Grundworts? Ergänze die Kopfzeile in der Tabelle.

dare, do, dedi	legere, lego, legi	iacere, iacio, ieci

repetitorium IX–XII

facere, facio, feci	ferre, fero, tuli	ire,

capere, capio, cepi	esse, sum, fui	regere, rego, rexi

Horreum

abesse – accipere – adicere – auferre – colligere – deficere – incipere ❗ – inire – interficere – obire – perdere – posse – reddere – referre – surgere

R 6   Ein Lausbubenstreich

Setze in die Lücken die passenden Formen von is, ea, id ein, die im Horreum zusammengestellt sind. Markiere mit drei unterschiedlichen Farben die Funktionen „Personalpronomen" (→ CG 12.1.2), „Possessivpronomen" (→ CG 5.6; 12.1.3) oder „Vorausverweiser auf Relativsatz" (→ CG 12.1.5).

Aurelius circum relinquit et laeto animo domum redit, nam _____ factio, cui favit, cunctis curriculis vicit. Amicos quaerit, quibus de spectaculo narrare potest. Sed cum unum ex amicis aspicit, stupet: Lucium videt, qui inter alios pueros ludit; _____ clamorem audit. Sed Lucius _____ non salutat. Cur rident pueri? Aurelius ad _____ adit. Lucius, postquam avunculum cognovit, statim avolat. Aurelius _____ advocat, _____ autem neque respondet neque redit. Avunculum illusit, itaque _____ non paret. Tum Aurelius ceteros interrogat: „Quid est? Cur ....?" Ecce – in muro suam imaginem aspicit!

repetitorium IX–XII

factiō, -ōnis **(f.)**: Partei, Mannschaft – **curriculum**: Rennen – **stupēre**: verdutzt sein – **cōgnōscere, (Perf.)** **cōgnōvī** – **āvolāre**: davoneilen – **imāgō**, -inis **(f.)**: (Ab-)bild, Porträt

* Das ursprüngliche Graffito ist ein Gedichtanfang von Catull, einem berühmten Dichter aus der Zeit Caesars. Er verspottet darin den eitlen Wichtigtuer Egnatius: „Egnatius grinst immer und überall, weil er so strahlend weiße Zähne hat …"

Horreum

ea – ei – eorum – eos – eum – eum – is

R 7   Verflixtes X

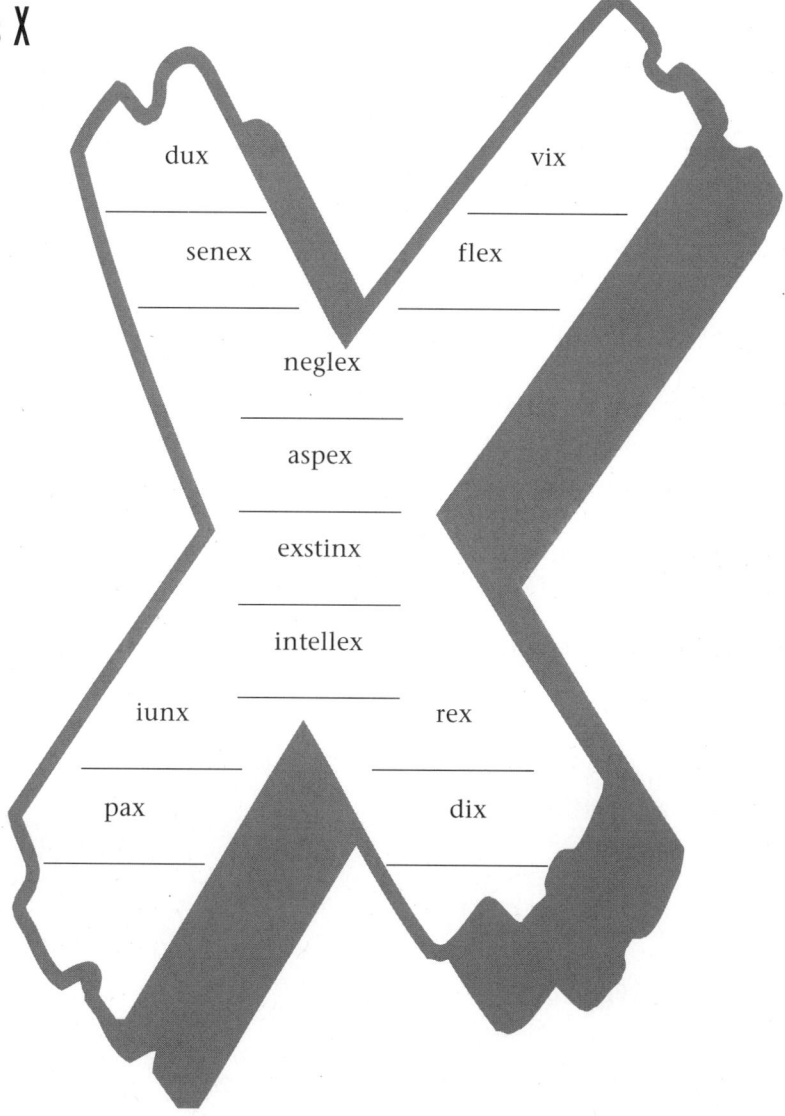

dux – vix
senex – flex
neglex
aspex
exstinx
intellex
iunx – rex
pax – dix

Du findest im „X" die Perfektstämme von Verben, aber auch ganze Wörter aus anderen Wortarten. Manche Formen sind auch doppeldeutig.

1 Markiere die Wörter farbig, die nicht Bestandteile eines Verbs sind.

2 Alle anderen Formen sind Perfektstämme. Schreibe unter jeden den Infinitiv der Gleichzeitigkeit.

3 Welche Formen aus Aufgabe 2 haben noch eine weitere Bedeutung? Markiere sie mit einer zweiten Farbe.

caput XIII

36.1 Im Theater

Domitilla sieht sich neugierig im Theater um. Aufgeregt macht sie ihren Bruder auf dies und jenes aufmerksam:

a) „Audivistine? Homo ill_____ dixit: ‚Omittite ist_____ garrire!' _____
   _____

b) Cur h_____ viri rident? _____

c) Quanta multitudo hominum h_____ theatro inest! _____

d) Ecce, ill_____ homines nigri sunt. Numquam vidi homines nigros. _____
   _____

e) Nonne Chremylus nobis h_____ sedes bene prospexit? Cuncta videre possumus!"
   _____

f) Tum Publius frater: „Molesta es mihi! Ist_____, quae dicis, me non tangunt. Nonne audivisti ill_____

   hominem? Proinde omitte tandem ist_____ garrire!" _____
   _____

garrīre: schwatzen – **prōspicere, -spiciō, -spexī:** besorgen – **tangere:** interessieren

1 Ergänze die fehlenden Endungen von hic, iste, ille.
   → **CG 13.1.1**

2 Übersetze in den Schreibzeilen hinter den Sätzen jeweils
   diese Pronomina zusammen mit ihrem Beziehungswort.
   Denk dabei an die verschiedenen Zeigefelder!
   → **CG 13.1.2**

37.1 Der zerbrochene Krug

Hier siehst du Einzelteile mehrerer griechischen Gefäße, wie bei Archäologen sorgfältig nummeriert. Um herauszufinden, welche davon zusammengehören und ein vollständiges Gefäß bilden, musst du in der Liste rechts oben die Verbformen ankreuzen, die im Plusquamperfekt stehen. Wenn du die angekreuzten Nummern im Bild verbindest, erkennst du den richtigen Krug, aus dem man Wein ausgeschenkt hat, eine sog. „oinochóē".
Male sie farbig aus, damit man sie von den anderen „Scherben" auf den ersten Blick unterscheiden kann.

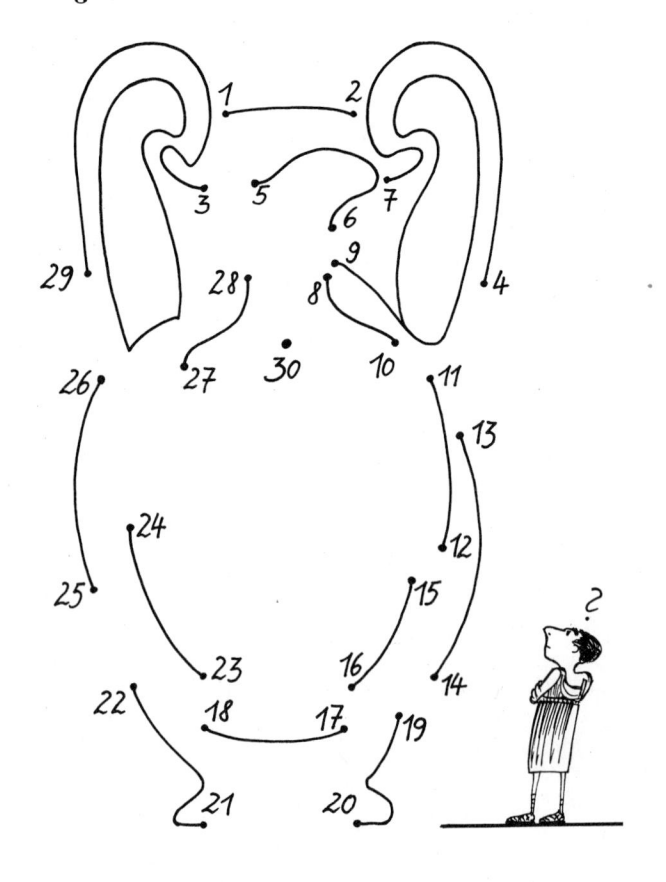

caput XIII

Welche der folgenden Wörter sind Verbformen im Plusquamperfekt?

1 erramus	7 cenat	13 liberas	19 amiserant	25 laverant
2 verberant	8 comparaverat	14 volas	20 volueras	26 exstinxeram
3 praetuleramus	9 intratis	15 munera	21 interfecerant	27 poteramus
4 litteras	10 aperueras	16 erant	22 fugeras	28 imperatis
5 adiuverat	11 abierat	17 excitant	23 pigras	29 incenderant
6 responderamus	12 emeram	18 ignorat	24 avolas	30 scelera

37.2 Hochzeitssitten

Welche Gewohnheiten bzw. Hochzeitssitten kann man noch heute antreffen? Kreuze die entsprechenden lat. Sätze an.

a) Pater sponsae
  ☐ auspicia observat.
  ☐ cunctos propinquos amicosque invitat.
  ☐ filiam viro destinat.

b) Sponsa
  ☐ mentem suam bene probat.
  ☐ tunicam albam induit.
  ☐ anulum gerit.

c) Sponsus
  ☐ sponsam rapit.
  ☐ pueris nuces spargit.
  ☐ uxorem rogat: „Quis es, mulier?"

d) Propinqui
  ☐ dona tradunt.
  ☐ bibunt et cenant usque ad multam noctem.
  ☐ Iunoni deae sacrificant.

e) Amici
  ☐ sponsam supra limen ferunt.
  ☐ marito maritaeque carminibus illudunt.
  ☐ viam facibus illuminant.

spōnsa: Braut – **auspicium**: Vorzeichen – **dēstināre** + Dat.: verloben mit – **tunica**: Gewand – **albus**: weiß – **ānulus**: Ring – **spōnsus**: Bräutigam – **nux**, nucis (**f.**): Nuss – **Iūnō**, -ōnis (**f.**): die Göttin Juno, Gattin Jupiters und Schutzgottheit der Ehe – **sacrificāre**: opfern – **līmen**, līminis (**n.**): Türschwelle – **fax**, facis (**f.**): Fackel – **illūmināre**: erleuchten

caput XIII

K   Quis est quis? – Wie unterscheidet man Zwillinge?

Du hast im Text 36 das Treiben der Zuschauer im Theater kennengelernt. Hier kannst du nun den Schluss einer Komödie von T. M. Plautus lesen (nur ein bisschen vereinfacht) und – mit guten Grammatikkenntnissen – sogar Zwillinge eindeutig voneinander unterscheiden.

Die Vorgeschichte: Zwillinge mit den Namen Menaechmus und Sosicles sind in ihrer Kindheit durch unglückliche Umstände getrennt worden. Aus Trauer über den Verlust des Menaechmus wird Sosicles von da an Menaechmus genannt. Beide „Menaechmi" begegnen sich als Erwachsene unvermutet wieder. (Da sie denselben Namen benutzen, sind sie in unserem Text nummeriert.) Der schlaue Sklave Messenio entdeckt die Ähnlichkeiten zwischen beiden als erster.

Messenio:	Nisi erro, hi sunt fratres gemini! – Dominum vocare volo. *(vocat)* Menaechme!
Menaechmi I + II ambo:	Quid vis?
Messenio:	Non ambos volo, sed eum, cuius servus sum.
Menaechmus I:	Ego non sum.
Menaechmus II:	At ego.
Messenio:	Te volo. Veni!
Menaechmus II:	Quid est? Quid vis?
Messenio:	Ille vir frater geminus tuus est, ut credo!
Menaechmus II:	Mehercule! Hicne est frater meus? Unde scis?
Messenio:	Cuncta bene conveniunt. *(ad Menaechmum I)* Audi, Menaechme, quot annos natus eras, cum pater te domo secum abduxit?
Menaechmus I:	Septem annos natus eram.
Messenio:	Quot filii patri tuo erant?
Menaechmus I:	Duo; unum fratrem habebam. Fratres gemini eramus.

caput XIII

Messenio:	Dic mihi: ambobus nomen unum erat?
Menaechmus I:	Minime! Nam mihi hoc nomen erat, quod nunc est.
	Illum parentes tum vocabant Sosiclem.
Menaechmus II:	Diutius tacere non possum: Mi gemine frater, salve! Ego sum Sosicles!

geminus: Zwillings- – **ambō, ambōrum, ambōbus, ambōs:** beide – **mehercule!** mein Gott! – **convenīre:** passen – **quot:** wie viel(e) – **x annōs nātus:** x Jahre alt – **sēcum abdūcere:** mitnehmen – **diūtius:** länger

1 Übersetze den Text. (Damit du weniger Platz brauchst, kürze die Namen der Sprecher ab und markiere diese Abkürzungen mit drei verschiedenen Farben. So siehst du Sprecherwechsel auf einen Blick, ohne dass du immer eine neue Zeile anfangen musst.)

caput XIV

38.1 Der „römische Guinness"

Die Buchstaben der gesuchten lat. Wörter im eingerahmten Feld ergeben von oben nach unten gelesen den Namen des Autors, der das „römische Guinnessbuch" verfasst hat.
❗ Du brauchst in mehreren Übungen dieses Kapitels Zahlwörter und Zahlzeichen, die kein Lernstoff waren. Schlage sie nach in → **CG Anhang A1, S. 70–71**.

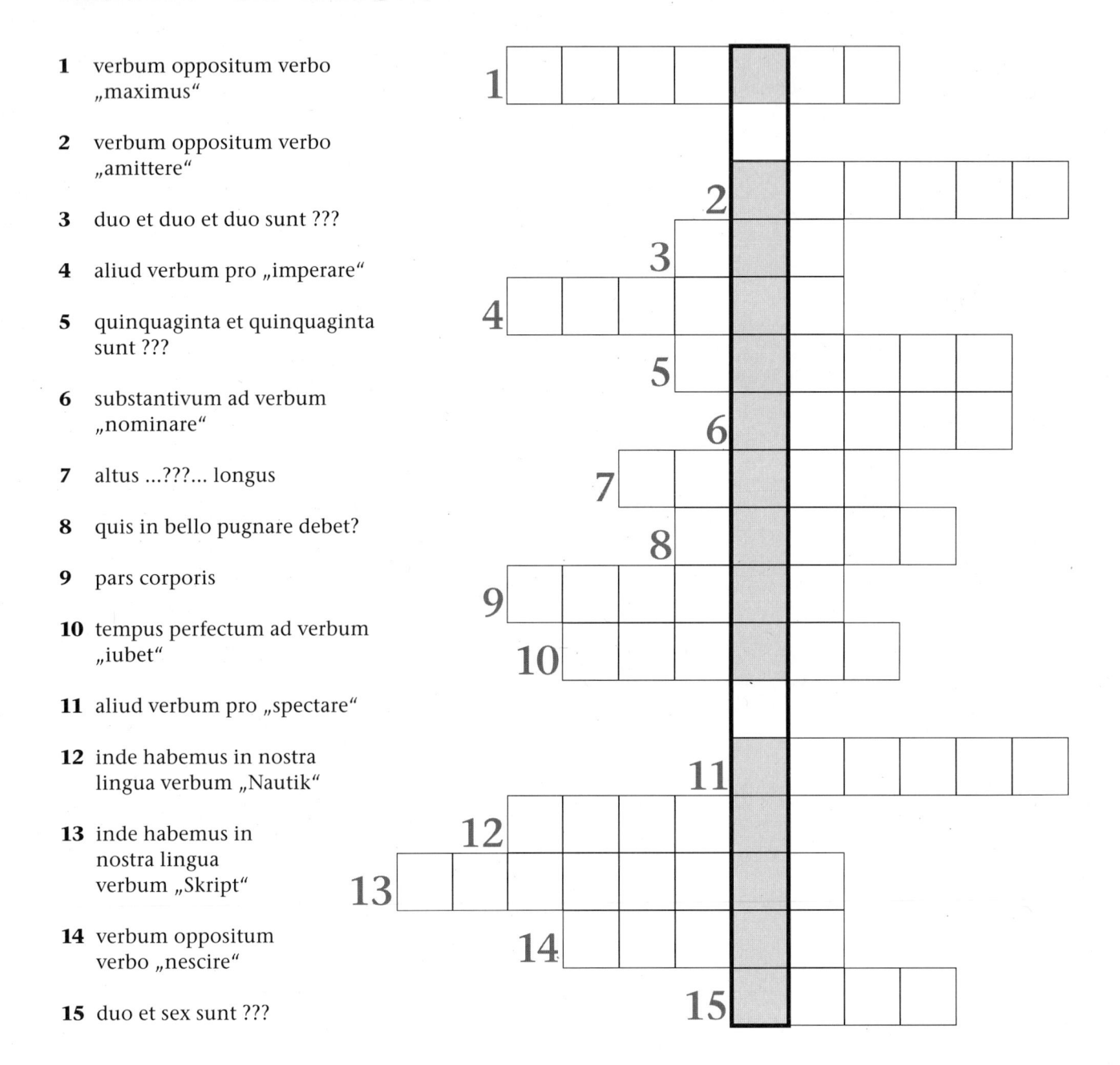

1 verbum oppositum verbo „maximus"

2 verbum oppositum verbo „amittere"

3 duo et duo et duo sunt ???

4 aliud verbum pro „imperare"

5 quinquaginta et quinquaginta sunt ???

6 substantivum ad verbum „nominare"

7 altus ...???... longus

8 quis in bello pugnare debet?

9 pars corporis

10 tempus perfectum ad verbum „iubet"

11 aliud verbum pro „spectare"

12 inde habemus in nostra lingua verbum „Nautik"

13 inde habemus in nostra lingua verbum „Skript"

14 verbum oppositum verbo „nescire"

15 duo et sex sunt ???

oppositus: entgegengesetzt – **inde:** von da (= von diesem Wort)

caput XIV

39.1 Was wollen Domitilla, Tertia, Vibia und Polybius?

velle/nolle	sententias Varronis recitare	cum Domitilla ludere	imperata Polybi neglegere	carmina Homeri nunc recitare
Domitilla		✕		
Tertia	❗		✕	✕
Tertia et amica	✕		❗	✕
Polybius	❗	✕	✕	❗

recitāre: aufsagen, vortragen – **imperātum:** (Arbeits-)Auftrag

1. Lies im Buch noch einmal den Text 39 genau durch und entscheide nach dem Inhalt, ob du in die freien Felder eine Form von **velle** oder **nolle** einsetzen musst, damit sich ein sinnvoller Gesamtsatz ergibt. → **CG 14.1**

2. Die Felder, die mit ❗ markiert sind, können nur sinnvoll ausgefüllt werden, wenn du eine weitere handelnde Person nennst: Trage sie in der richtigen Form zusätzlich in die betreffenden Felder ein. Welche typische lateinische Konstruktion liegt dann vor? → **CG 14.2**

40.1 Der Hochzeitstag

Domitilla erzählt ihrer kleinen Schwester Tertia von der Hochzeitsfeier. Sie war zwar nicht die ganze Nacht selbst dabei, hat aber inzwischen noch einiges Neue gehört – von Leuten, die es wissen müssen.

a) Amici Titi vix pedibus steterunt. Id Titus putat.

   Titus putat _____

b) Tamen cuncti usque ad multam noctem saltaverunt. Id ipsi dixerunt.

   Tamen cuncti dixerunt _____

caput XIV

c) Tum Titus sponsam e gremio matris rapuit. Ipse mihi id narravit.

   Titus narravit _____

   _____

d) Rufilla matrem reliquit. Id adhuc dolet.

   Rufilla adhuc dolet _____

   _____

stāre, (Perf.) **stetī** – **saltāre**: tanzen – **spōnsa**: Braut – **gremium**: Schoß

1 Bilde aus jedem Satzpaar einen Satz mit einem AcI → **CG 14.2** (der AcI-Auslöser ist immer schon vorgegeben). Untersuche dazu zuerst die Subjekte in den Satzpaaren: Markiere Subjekt 1 und Subjekt 2 eines Satzpaars in derselben Farbe, wenn es sich inhaltlich um dieselben Personen handelt („Subjektsgleichheit"), in zwei verschiedenen Farben, wenn es sich um verschiedene Personen handelt. Welches Pronomen musst du bei Subjektsgleichheit als Subjekt des AcI verwenden? → **CG 14.2.5**

2 Übersetze deine neuen lateinischen Sätze.

3 Stelle aus dieser Übung zusammen, welche deutschen Personalpronomina du zur Wiedergabe des lat. se benutzt hast:

_____

40.2 Zahlenspielereien

Hinter dem folgenden „Mathematiker-Latein" verstecken sich römische Ziffern (→ **CG Anhang A1, S. 70–71**), mit denen man Wörter „bauen" kann.
Ein Beispiel: VLM = 5501000 aus V = 5/L = 50/M = 1000; oder VLM = 451000 aus VL = 45/M = 1000; oder VLM = 5950 aus V = 5/LM = 950, je nachdem, zu welchen Zahlzeichen man die Ziffern gruppiert. Es gilt also (wer hätt's gedacht):
5501000 = 451000 = 5950!
In unserer Aufgabe sind alle Lösungen lateinische Wörter, die du schon kennst.
Löse danach folgende „Ungleichungen":

a) Beweise: **59 = 610**   _____

b) Beweise: **1041 = 1016**   _____

c) Beweise: **54991 = 6501**   _____

d) Beweise: **5091 = 50111**   _____

e) Welcher „geflügelte" Satz steckt hinter dem Geheimcode: **5EN1, 6501, 6101**?

_____

_____

caput XIV

K Die Helden sind ausgestorben

Domitilla legit regem Ithacae insulae Graecae antiquis temporibus cum comitibus decem annos per undas erravisse multaque pericula superavisse. Sorori narrat illos viros multis cum adversariis pugnavisse et eos semper fere vicisse. Constare autem (dicit) hodie viros non iam aeque valere. (Postremo dicit) Se ipsam putare viros hodie cunctos effeminatos esse. Soror eius verba attente audit, nomen autem regis illius nescit et tacet.

Ithaca: (westgriechische Insel) – **decem:** zehn – **superāre:** bestehen – **adversārius:** Gegner – **effēminātus:** verweichlicht

1 Von welchem griechischen Helden spricht Domitilla? _____

2 Übersetze den Text. ❗ Die eingeklammerten Wörter sind nur zum besseren Verständnis für dich eingefügt worden; übersetze sie nicht mit!

3 Wie kannst du im Deutschen die indirekte Rede kennzeichnen, ohne ständig „dass" zu verwenden?

caput XV

42.1 Bei den Germanen ist alles anders!

Ein römischer Kaufmann erzählt:

a) Liberi Germanorum _____ lavantur, nostri autem _____ lavari possunt. _____
_____

b) Apud nos liberi _____, apud illos _____ docentur.
_____
_____

c) Nolite putare Germanos _____ a pugna prohiberi aut nos ab _____ numquam vinci posse. _____
_____

d) Apud Germanos _____ editur et bibitur usque ad multam noctem, cultus atque humanitas nostra _____ minime diliguntur. _____
_____
_____

Horreum

aqua calida – aqua frigida – ii – ii – magistri – patres – timor

---

calidus: warm – **pūgna:** Kampf – **cultus atque hūmānitās:** Zivilisation und Bildung

1 Vervollständige die Aussagen des Kaufmanns, indem du die Wörter aus dem Speicher benutzt. Setze sie zuvor in den richtigen Kasus und achte auf den Unterschied zwischen belebtem und unbelebtem „Handlungsauslöser"
→ **CG 15.1.2 c.** ❶ Eine Lücke darf nicht gefüllt werden!

2 Übersetze die Sätze und berücksichtige dabei die verschiedenen Übersetzungsmöglichkeiten des Passivs.
→ **CG 15.1.2 d–e**

42.2 Hin und her, kreuz und quer

In der folgenden Übung kannst du deine Sicherheit in den Stammformen, den Tempussignalen und den Personalendungen überprüfen. Du findest hier Verben mit unterschiedlichen Arten der Perfektbildung. Bilde zu jeder Verbform ihre genaue Entsprechung im jeweils anderen Tempusstamm (Präsens ↔ Perfekt; Imperfekt ↔ Plusquamperfekt). Person und Numerus sollen gleich bleiben. ❶ bedeutet hier: Es gibt zwei verschiedene Lösungen.

caput XV

Tempus d. Präsensstamms	Tempus d. Perfektstamms	Tempus d. Präsensstamms	Tempus d. Perfektstamms
	noluistis		conciderunt
curro		ostendis	
ponebamus			biberat
	quaesivisti	rapere	
cadebas		❗	constitit
	debui	❗	constitit
tendebamus		tenebamus	
	timuerunt	tradis	

43.1 Dialogfloskeln

Du hast bisher schon viele lateinische Dialoge gelesen. Dabei ist dir sicher aufgefallen, dass sich manche Wendungen wiederholen, weil sie in immer wiederkehrende Alltagssituationen passen. Ordne die folgenden Äußerungen des Speichers acht vorgegebenen Gesprächssituationen zu.

Begrüßung	Abschied	Entschuldigung	erste Begegnung

Zustimmung	Ablehnung	Drohung	Verärgerung

Horreum

abite! – bene valeo – cede rus! – cur me rogas? – est, ut dicis – hoc mihi placet – iam intellego – ignosce, quaeso! – ita non est – nolo hoc credere – non credo – quid ad me? – quid agis? – quid clamas? – quid me increpas? – quis es? – quod nomen tibi est? – salve! – sic est – tace! – unde venis? – ut vales? – vae vobis! – vale(te)!

rūs (Akk. n. sg.): aufs Land – **valē(te):** leb(t) wohl

caput XV

K   Die Reise nach Trier

Eine römische Maus will auf der Suche nach einer neuen Heimat mit einem Kaufmann nach Trier reisen.

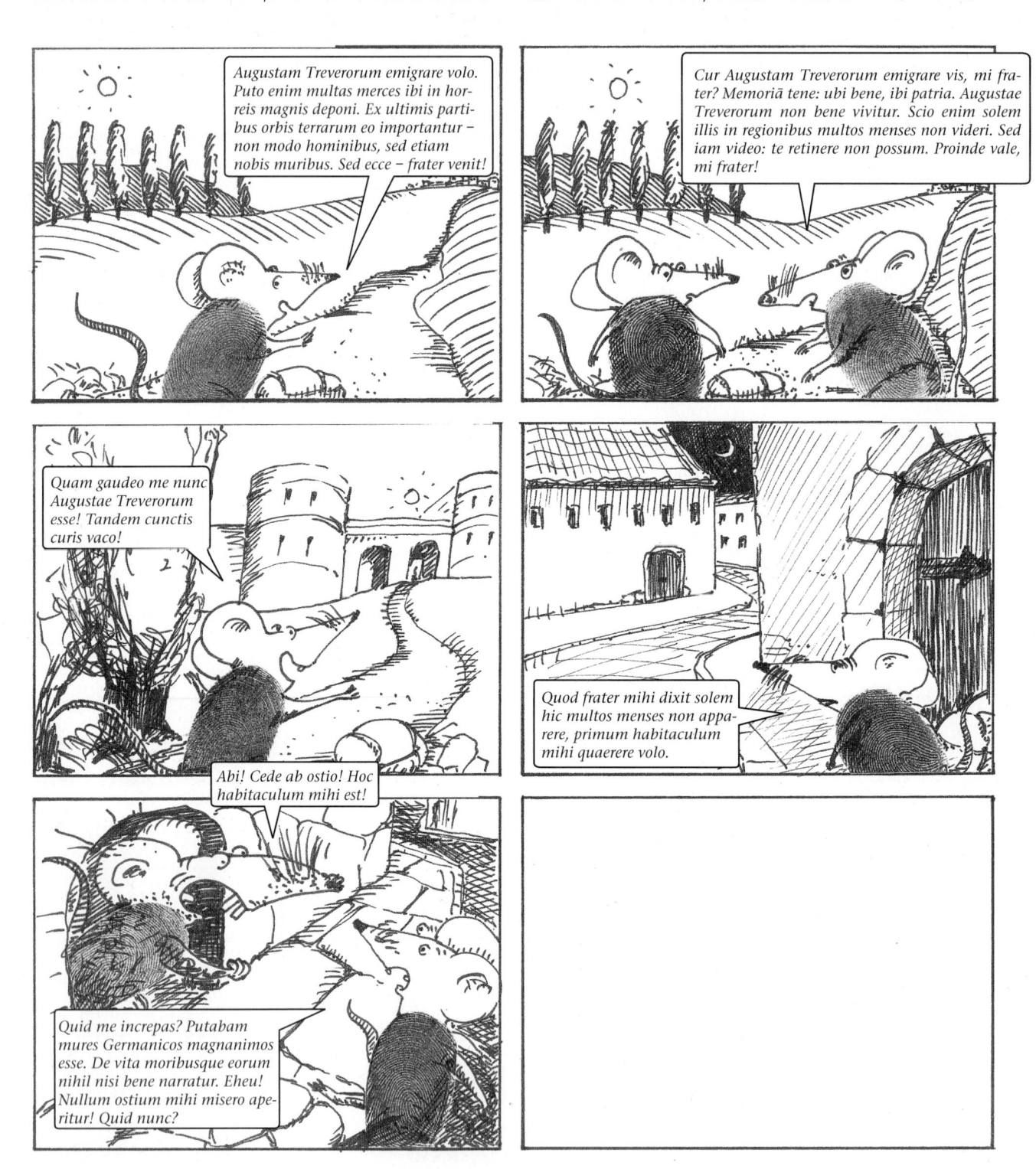

Panel 1: *Augustam Treverorum emigrare volo. Puto enim multas merces ibi in horreis magnis deponi. Ex ultimis partibus orbis terrarum eo importantur – non modo hominibus, sed etiam nobis muribus. Sed ecce – frater venit!*

Panel 2: *Cur Augustam Treverorum emigrare vis, mi frater? Memoriā tene: ubi bene, ibi patria. Augustae Treverorum non bene vivitur. Scio enim solem illis in regionibus multos menses non videri. Sed iam video: te retinere non possum. Proinde vale, mi frater!*

Panel 3: *Quam gaudeo me nunc Augustae Treverorum esse! Tandem cunctis curis vaco!*

Panel 4: *Quod frater mihi dixit solem hic multos menses non apparere, primum habitaculum mihi quaerere volo.*

Panel 5: *Abi! Cede ab ostio! Hoc habitaculum mihi est!*

Quid me increpas? Putabam mures Germanicos magnanimos esse. De vita moribusque eorum nihil nisi bene narratur. Eheu! Nullum ostium mihi misero aperitur! Quid nunc?

Augusta Trēverōrum: Trier – **ēmigrāre:** auswandern – **horreum:** Speicher – **importāre:** einführen – **mūs**, mūris **(m.):** Maus – **patria:** Heimat – **valē:** leb' wohl – **habitāculum:** Unterkunft – **māgnanimus:** großzügig – **eheu!** ach!

caput XV

1. Übersetze den Text in den Sprechblasen. Die Sprecher kannst du durch die Kürzel „MR" (mus Romanus), „Fr" (frater) und „MG" (mus Germanicus) bezeichnen.

2. Erfinde einen (deutschen!) Schluss für die Geschichte und zeichne ein Bild dazu in den leer gebliebenen Kasten der Bildergeschichte. (Kannst du erkennen, wie wir die Mäusekörper gemacht haben? Probiere es selbst!)

caput XVI

44.1 Hast du's verstanden?

Setze die folgenden Perfektformen unter Beibehaltung von Person und Numerus ins Präsens. Die Buchstaben in den Kästchen ergeben von oben nach unten gelesen die Antwort auf die obige Frage.

1. tractum est
2. propositus est
3. iussi sunt
4. traditus es
5. appellata sum
6. deleta sunt
7. neglecta sum
8. vexati sumus
9. capti estis

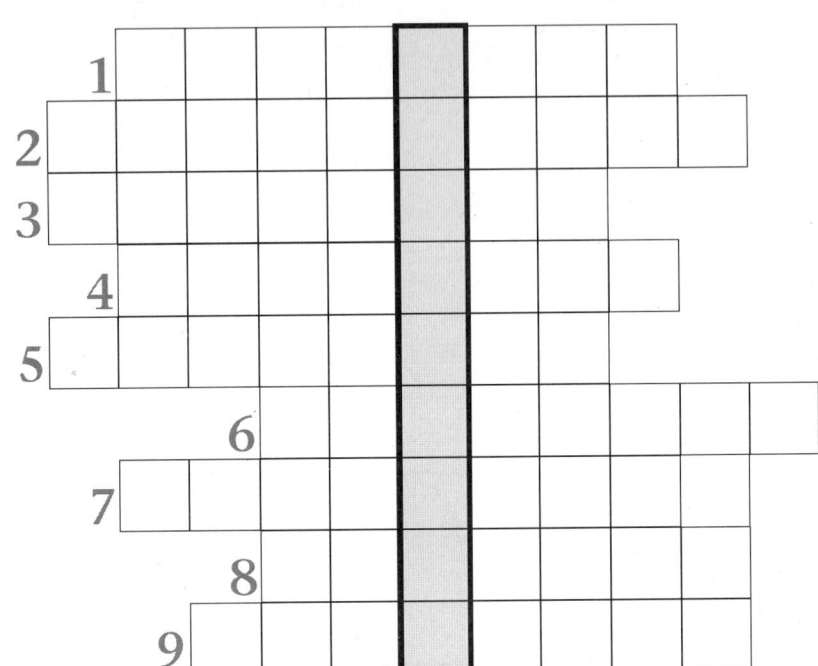

45.1 Gerüchteküche

Über das „Spukhaus" sind in Athen natürlich viele Gerüchte in Umlauf – auch noch Jahre später, als der Philosoph dort schon lange nicht mehr wohnt und keiner mehr so richtig weiß, was eigentlich geschehen ist.

a) Quidam narrabant ibi nihil nisi sonum ferri interdum media nocte audit_____ _____.

b) Alii putabant incolas illius villae saepe ab aliquo monstro territ_____ _____.

c) Dicebant nonnulli quendam philosophum a monstro etiam interfect_____ _____.

d) (Dicebant) illius vestem in horto invent_____ _____.

e) Inter eos constabat corpus philosophi loco occulto sepult_____ _____.

82

caput XVI

f) Sed vicinus amico scripsit immo monstrum a philosopho puls_____ _____.

_____

_____

quīdam (Nom. pl.): einige – **sonus:** Klang – **interdum:** manchmal – **mōnstrum:** Gespenst – **quendam:** Akk. sg. m. zu quīdam – **sepelīre, sepelīvī, sepultum:** begraben

1 Ergänze die Infinitive und beachte dabei, dass die Partizipien Prädikatsnomina sind! → **CG 16.1.7**

2 Übersetze die Sätze und mache durch die Verwendung des Konjunktivs klar, dass es sich nur um Gerüchte handelt.
❗ Das eingeklammerte Prädikat brauchst du nicht zu übersetzen.

45.2 Aus 1 mach 3

Von Text 44 an werden dir im Vokabular bei Abweichungen vom „Normaltyp" die Stammbildungsreihen in der Reihenfolge Präsensstamm, Perfekt-Aktiv-Stamm, PVP-Stamm (Supin-Stamm) angezeigt.
Ergänze jeweils die beiden fehlenden Stämme. ❗ Präge dir beim Stammformenlernen auch die Längen und Kürzen möglichst gut ein.

Präsens-Stamm	Perfekt-Stamm	PVP-Stamm	Präsens-Stamm	Perfekt-Stamm	PVP-Stamm
	ded-			cēp-	
		exstīnct-	pell-		
	indu-				vīnct-
	vendid-			prōposu-	
affer-					dēlectāt-

K Mitleid mit den Sklaven

Tertia und Domitilla gehen in Begleitung des Polybius durch die Straßen Ostias.

Servorum turba per urbis vias ducebatur. Sermones illorum hominum a puellis audiebantur: „Ubi captus es, amice?" „Captus sum in silvis Germaniae." „Quo nomine appellaris?" „A Romanis Flavus nominor. Hoc nomen autem mihi odio est. Domi enim Arminius vocatus sum." „Ubi linguam Latinam didicisti?" „Apud dominum primum linguam hostium didici. Fortunas autem amisit; itaque isti homini venditus sum, qui nos nunc ad forum ducit." „Scisne te magno pretio esse? Peritus enim linguae Latinae es." „Et ubi tu linguam Latinam didicisti?" „Romanus sum et rusticus fui. Quia decumam solvere non potui, a domino in servitutem datus sum." Tum Polybius ad puellas: „Nonnulli domini vere iniqui sunt!"

fortūnae, -arum (f.): Vermögen – **pretium:** Preis, Wert – **decuma:** Pachtzins – **servitūs, -tūtis (f.):** Sklaverei

caput XVI

1 Übersetze den Text.

_____
_____
_____
_____
_____
_____
_____
_____
_____
_____
_____
_____
_____
_____
_____
_____
_____
_____
_____

2 Unterstreiche mit einer Farbe alle Prädikate, die als Passivformen mit esse zusammengesetzt sind, mit einer zweiten Farbe alle Prädikate, die mit Formen von esse zusammengesetzt sind, ohne Passiv zu sein.
❗ Mit „Prädikate" sind hier auch die Infinitive im AcI gemeint!

3 Bestimme in den letzteren Fällen Wortart und Kasus des Prädikatsnomens.
Nenne auch die Fachausdrücke für besondere Kasusfunktionen. → **CG 16.2**

Prädikatsnomen	Wortart	Kasus (besondere Funktion?)

repetitorium XIII–XVI

Summa

lat.	dt.	lat.	dt.

Das solltest du jetzt können:

- Formen und Bedeutung der Demonstrativpronomina hic, iste, ille (XIII 36.1, XIII K)
- den AcI: AcI-Auslöser, Reflexivität, Zeitverhältnisse (XIV 40.1, R 4)
- das Passiv: Formen und Übersetzungsmöglichkeiten (XV 42.1, XVI 44.1, XVI 45.1, XVI K, R 2, R 3)
- das PVP der wichtigsten Verben (XVI 45.2)
- wichtige Genitivfunktionen (R 1)

R 1 Ein zukünftiger Baumeister?

Publius begeistert sich neuerdings für Architektur und erzählt gleichaltrigen Freunden, was er gesehen hat.

Publius sermonem cum amicis habet. Tum unus ex comitibus: „Quid novi de architectura narrare scis, Publi?" Publius: „Magnam rotam nuper vidi. Quis vestrum scit lapides magni ponderis machina tractoria tolli posse? Equidem in bibliotheca patris Vitruvii libros legi, qui sunt de architectura. Venite mecum ad templum Apollinis et servos videte, qui in rota laborant. Misericordia illorum moveor, quod rotam calcare debent." Tum alius comes: „Noli servorum misericordiam adhibere, Publi! Servorum enim est laborare."

architectūra: Architektur – **lapis**, lapidis **(m.)**: Stein – **māchina trāctōria**: Hebekran – **bibliothēca**: Bücherei – **Vitrūvius**: Vitruv (berühmter röm. Architekt) – **Apollō**, Apollinis **(m.)**: Apollon – **calcāre**: treten

1 Übersetze den Text mündlich.

2 Markiere im lat. Text alle Genitivformen und ordne sie (mit ihrem Beziehungswort) nach ihrer Bedeutung in die Tabelle auf der nächsten Seite ein:

repetitorium XIII–XVI

Eigenschaft (Gen. qual.) → CG 12.4	Besitz/Zugehörig- keit/Aufgabe (Gen. poss.) → CG 5.1.2, 5.1.3, 6.5	Teilung (Gen. part.) → CG 5.1.2, 5.7	Objekt (Gen. obi.) → CG 7.5

R 2   Hier rotiert alles …

raeda: Kutsche – **Eurōpa:** phönizische Königstochter, die von Zeus, der sich in einen Stier verwandelt hatte, nach Kreta entführt wurde – **taurus:** Stier – **Crēta:** Kreta (Mittelmeerinsel)

repetitorium XIII–XVI

1 Bilde aus den Wörtern sechs sinnvolle Sätze. Um passende Satzteile zu erhalten, müssen die Ringe „rotieren".
So passt zum Subjekt Pomponii natürlich nur das Prädikat vehuntur, aber es sind mehrere Transportmittel möglich.
❗ Bilde drei Sätze mit den Pomponii als Subjekt, einen mit jedem weiteren Subjekt.

2 Schreibe deine Sätze hier auf, übersetze sie und nutze dabei die verschiedenen Übersetzungsmöglichkeiten für das lateinische Passiv. → **CG 15.1.2**

_____
_____
_____
_____
_____
_____
_____
_____
_____
_____
_____
_____

R 3   Infinitiv der GZ im Passiv – ja oder nein?

1 Unterstreiche die Verbformen, die Infinitive der GZ Passiv sind:

amari – cepi – duci – geri – heri – liberi – liberari – misi – noli – redi – reddi – reddidi – regi – tolli – tuli – urbi – vehi – videri

2 Markiere alle Substantivformen farbig. Welche sind zugleich unterstrichen und farbig, also doppeldeutig?

_____

repetitorium XIII–XVI

R 4 Sorgen wegen des Schwiegersohns

Domitilla interessiert sich seit der Hochzeit im Nachbarhaus brennend für alle Ereignisse rund um Hochzeiten. Sie hat gehört, dass ein Vater Probleme hatte, seiner Tochter die nötige Mitgift zu verschaffen, und erzählt nun Aurelius und Caecilia von der ungewöhnlichen Begebenheit:

Mercatorem quendam semper paucis contentum fuisse audivi. Nihil nisi valetudinem sibi petivit. Tamen eum curis vexatum esse homines dicunt. Nam filiam viro bono collocare voluit. Itaque necesse fuit eam dote ornari. Tum – sic accepi – amicum mercatoris tamquam alterum patrem huic puellae multum pecuniae dedisse et sic verum patrem curis liberavisse. Filia enim profecto ab illo viro ducta est in matrimonium.

quendam: Akk. Sg. m. von quidam – **collocāre** + Dat.: verheiraten mit – **dōs**, dōtis **(f.)**: Mitgift – **ōrnāre:** ausstatten – **alter:** ein zweiter – **dūcere,** (PVP) **ductum** – **mātrimōnium:** Ehe

1 Übersetze den Text schriftlich.

2 Markiere farbig die AcI-Auslöser im lat. Text und setze um jeden einen kleinen Kasten. → **CG 14.2.3**

3 Markiere mit einer zweiten Farbe im lat. AcI die Wörter, die in der Übersetzung Subjekt- und Prädikatstelle einnehmen. → **CG 14.2.2**

4 Unterstreiche lateinische Infinitive der Gleichzeitigkeit im AcI einfach, Infinitive der Vorzeitigkeit doppelt. → **CG 14.2.4, 16.1.4**

Zum Schluss vergleiche noch einmal: Hast du so übersetzt, wie du markiert hast? Achte besonders auf die Zeitverhältnisse.

caput XVII

46.1 Publius kann auch dozieren

In portu pueri naves aspexerunt, quas numquam viderant. Quod animi puerorum navium aspectu tenebantur, Publius patrem de eis interrogavit. Qui summo cum studio eis respondit: „Hic videtis naves longas, quibus piratae a rapiendo prohibentur. Antiquis temporibus...." Publius eum interrupit: „Iam scio, nam saepe haec mihi narravisti. Antiquis temporibus maioribus nostris paucae naves erant. Tamen contra Poenos tribus bellis pugnaverunt. Qui non modo exercitibus, sed etiam classibus impetus in nostros fecerunt. Imprimis Hannibal nostris legionibus perniciei paene fuit. Tamen nostri numquam de salute desperaverunt eumque tandem vicerunt. Quod semper memoria teneo. Itaque non ignoro legiones nostras nobis semper saluti et fuisse et esse."

nāvis longa: Kriegsschiff – **pīrāta, -ae (m.):** Seeräuber – **māiōrēs, -um (m.):** Vorfahren – **Poenī:** Karthager – **tribus,** Abl. von **trēs, tria:** drei – **exercitus, -ūs (m.):** Heer – **classis, -is (f.):** Flotte – **dēspērāre dē** + Abl.: die Hoffnung (auf etw.) aufgeben

1 Markiere im Text mit verschiedenen Farben den Dativ des Besitzers (Dativus possessivus → CG 3.3.2a) und den Dativ des Zwecks/der Wirkung (Dativus finalis → CG 3.3.2b).

2 Unterstreiche die relativischen Satzanschlüsse und markiere mit einem Pfeil, auf welches Wort im Vordersatz sich das Pronomen jeweils bezieht. → CG 17.4

3 Wo bezieht sich der relativische Anschluss auf den Inhalt eines ganzen Satzes?

_____

46.2 Verwandt und doch verschieden

Du kennst jetzt schon eine ganze Reihe verschiedener Deklinationsweisen (→ CG 4.3, 5.1.1, 6.4, 8.2, 11.4.2, 17.1, 17.2). Obwohl jede ihre Besonderheiten hat, wirst du im Vergleich doch auch Ähnlichkeiten in manchen Kasus feststellen. Schau dir dazu einmal die Beispiele in der folgenden Übersicht an:

	ego	qui	is	miles	portus	res	serva
Dat. Sg.	mihi	cui	ei	militi	portui	rei	servae
Akk. Sg.	me	quem	eum	militem	portum	rem	servam
Gen. Pl.	–	quorum	eorum	militum	portuum	rerum	servarum

1 Markiere in jeder waagrechten Kasuszeile Gemeinsames grün, Besonderes, das „aus dem Rahmen fällt", rot. (❗ Auch die Kopfzeile mit dem Nominativ Singular zählt mit!) Dann trage deine „grünen" Ergebnisse, die Gemeinsamkeiten, hier ein.

Nom. Sg. _____ Dat. Sg. _____ Akk. Sg. _____ Gen. Pl. _____

2 Welche fünf Besonderheiten stellst du fest? Sortiere auch sie nach den hier betrachteten Kasus.

_____

_____

caput XVII

46.3 Was für ein Angeber!

In den folgenden beiden Wortkolonnen sind zwei Aussagen des prahlerischen Soldaten versteckt. Die linke Kolonne enthält die Substantive der Sätze, schon in richtiger Reihenfolge, und an jedem Satzende ein Prädikat. Die Attribute in der rechten Kolonne sind durcheinander gekommen. Immerhin kann man an der Lücke noch erkennen, welche zum ersten und welche zum zweiten Satz gehören.

1 Verbinde jedes Substantiv mit einem Attribut, das nach KNG-Regel und Sinn zu ihm passt. (Verwende verschiedenfarbige Verbindungslinien.) → **CG 17.1, 17.2**

2 Übersetze die Sätze mündlich.

impetus   parva
exercituum   Romanis
cum manu   magnos
commilitonum   publica
a re   barbaricorum
civibusque   paucorum
prohibui.

Die   mea
commilitones   certa
virtute   quodam
e pernicie   timidos
servavi.

exercitus, -ūs (m.): Heer – **commīlitō, -ōnis (m.):** Kriegskamerad – **barbāricus:** fremd – **quōdam:** Abl. Sg. m. von quīdam

47.1 UI – hier muss man aufpassen!

Wie auf einen Tippzettel sollst du in unsere Tabelle Kreuze setzen – aber nicht einfach nur „auf gut Glück getippt"!
Wie du siehst, enden alle Wörter in der Tabelle auf -ui, aber das kann Unterschiedliches bedeuten. Fülle den „Tippzettel" aus, indem du alle Felder mit einer zutreffenden Bestimmung ankreuzt.
❗ Dasselbe Wort kann mehrere richtige Bestimmungen haben. Welches Wort bekommt gleich drei Kreuze? _____

Bestimmung	exigui	manui	exercui	exstingui	mortui	metui	tui	vacui
Nom. Pl.								
Gen. Sg.								
Dat. Sg.								
Inf. GZ Pass.								
1. P. Sg. Perf. Akt.								

caput XVII

47.2 Kein Verdruss mit dem -us!

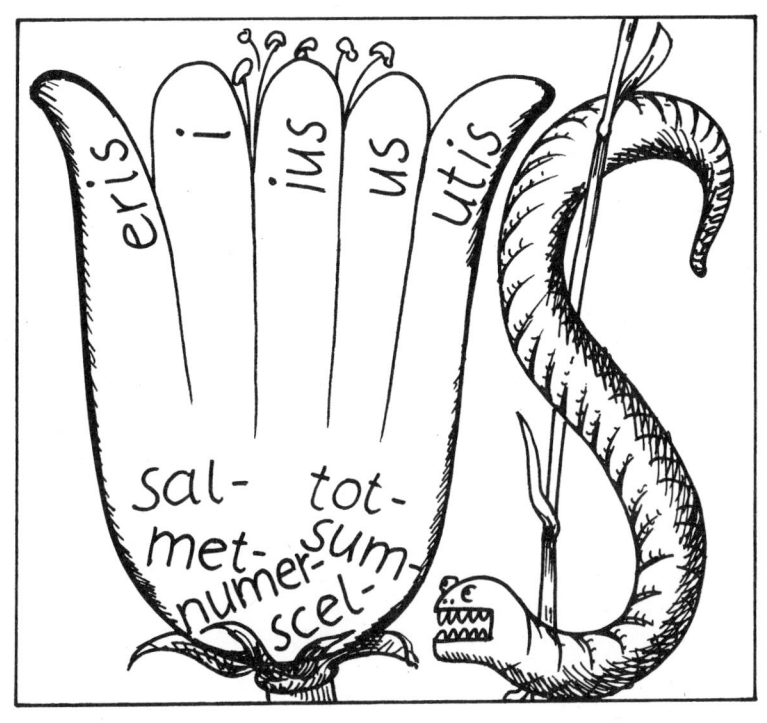

Unten im Blütenkelch der Tulpe haben sich einige Teile von Nomina (Substantiven und Adjektiven → **CG 8.6**) gesammelt, die ihren Nominativ Sg. alle auf -us bilden. Die Genitive dieser Nomina lauten aber ganz verschieden. Schreibe die Nomina-Teile noch einmal so vor die Blüten, dass jedes seine richtige Genitivendung bekommt.
❗ Eine Form kommt aus einer anderen Wortart und bildet gar keinen Genitiv. Welche? Gib auch die Wortart an.

_____

_____

K Ein tapferer Soldat

Ein Soldat wird im Hafen von Passanten umringt, denen er von seinen Taten erzählt.

Quodam die_____ exercitu_____ noster iter ad castra faciebat, cum subito ex silvis obscuris hostes in nostros magnum impetu_____ fecerunt. Re_____ nostra magno in periculo erat: Germani enim undique multis cum militibus nostros invadebant ... – pernicie_____ legionum Varianarum adhuc ante oculos habeo. Avunculus ipse illis die_____ equitatu_____ nostro praeerat. Commilitones monuit: „Milites! Numquam ulli hosti pepercimus. Re_____ publicae nostrae semper profuimus. Nunc nihil nos nisi virtus nostra e pernicie_____ servare potest. Mecum hostes sine metu_____ petite!" Summa virtute pugnavimus, tamen Germani exercitu_____ nostrum vicerunt. Ego autem servatus sum.

quōdam: Abl. Sg. m. von quīdam – **exercitus, -ūs (m.):** Heer – **castra, -ōrum (n. pl.):** Lager – **lēgiōnēs Vāriānae:** Legionen unter der Führung des Varus – **oculus:** Auge – **equitātus, -ūs (m.):** Reiterei – **commīlitō, -ōnis (m.):** Kamerad – **monēre:** anfeuern – **ūllus, -īus, Dat. -ī:** irgendein – **petere:** angreifen

1 Setze die fehlenden Wortausgänge ein. ❗ Dreimal fehlt keine Endung! → **CG 17.1, 17.2**

caput XVII

2 Übersetze den Text.

3 Unterstreiche die Ablative des Textes und ordne sie in der Tabelle ein. → **CG 6.2**
❗ Zwischen den Unterfällen des Ablativus instrumenti (→ **CG 6.2.3**) brauchst du hier nicht zu unterscheiden.

Abl. loci	Abl. temporis	Abl. instrumenti/ modi/sociativus	Abl. separativus

4 Sieh im Eigennamenverzeichnis des Lehrbuchs unter „Varus" (S. 153) nach und gib an, wo der Soldat gekämpft hat.

caput XVIII

49.1 Partizip oder Nomen?

Entscheide durch deine Übersetzung, ob das hervorgehobene Wort ein Partizip oder ein Substantiv bzw. Adjektiv ist.

a) Lampriscus servus **doctus** est. – Lucius a Lamprisco **doctus** est.

b) Haec a te bene **facta** sunt. – Quis tua **facta** ignorat?

c) Flumen **latum** est. – Frumentum in horreum **latum** est.

d) **Lectus** meus parvus est. – Liber a multis iam **lectus** est.

e) Quod dixisti, **rectum** non est. – Plaustrum a Syro male **rectum** est.

docēre, (PVP) **doctum** – **horreum**: Scheune – **ferre**, (PVP) **lātum** – **legere**, (PVP) **lēctum** – **regere**, (PVP) **rēctum**

49.2 Logische Verknüpfungen: nachdem – obwohl – während – weil – wenn?

Übersetze und entscheide dich bei der Auflösung der Partizipien für einen der logischen Verknüpfer aus der Überschrift.
→ **CG 18.2.2**

a) Hominibus edentibus caldarium intrare non licet. _____

b) Pueri vestes in apodyterio exutas Polybio tradiderunt. _____

caput XVIII

c) Liberi tepidarium clamore complentes ceteris hominibus molesti fuerunt. _____

d) Unus ex servis virum vestes rapientem comprehendit. _____

e) Lucius aquam frigidam horrens frigidarium intravit. _____

caldārium: Heißbad – **apodytērium:** Umkleideraum – **exuere, -uī, -ūtum:** ausziehen – **tepidārium:** Warmbad – **frīgidārium:** Kaltbad

49.3 Es geht auch kürzer!

Setze anstelle der kursiv gedruckten Verbformen die passenden Partizipformen ein.
❶ Dabei fallen die Konnektoren (Konjunktionen, Relativpronomen) weg! Um die Endungen der Partizipien (PVP ➔ **CG 6.1b** zum Adjektiv der o-/a-Dekl.; PGA ➔ **CG 18.1**) richtig zu bilden, musst du die KNG-Kongruenz (➔ **CG 18.2.1**) zu ihrem Beziehungswort beachten.

a) Miles hostem, dum *fugit*, interfecit.

b) Romani populis, postquam *victi sunt*, pepercerunt.

c) Dominus servos, qui rotam pedibus *calcant*, incitat.

d) Rustici, quamquam in ranas *mutati erant*, tamen deae maledicere perrexerunt.

e) Quod infantes *clamabant*, e theatro ducti sunt.

calcāre: treten – **īnfāns, -antis (m.):** Kleinkind

caput XVIII

K   Beati nihil habentes! – Glücklich ist, wer nichts besitzt!

Diebstahl in den öffentlichen Bädern war kein Einzelfall – kein Wunder bei dem Betrieb, der dort immer herrschte.

caput XVIII

Das war wenige Tage vor dem Theaterbesuch von Lucius und Quintus passiert:

Multi homines in thermis ludentes et lavantes delectabantur. Sitientibus mercatores vinum vel aquam offerebant. Alii cibos edentes famem pellebant. Sed ubi homines laeti et curis vacantes bibunt, ludunt, edunt, ibi fures procul non sunt. Profecto aliquis subito clamavit: „Adeste mihi! Fures adsunt! Iam mihi pecuniam abstulerunt." Paulo post duo viri vincti e thermis ducti sunt. Balneator monens hominibus dixit: „Attenti este! Sunt fortasse et alii fures inter homines hic circumstantes. Nolite credere nunc ceteros a rapiendo prohiberi!" Unus autem ex hominibus dixit: „Quid fures mihi nihil pecuniae habenti rapere possunt?" et laetus aquam intravit.

thermae, -ārum **(f.):** Thermen – **fūr**, -is **(m.):** Dieb – **procul:** weit (weg) – **aliquis:** irgendwer – **dūcere**, (PVP) **ductum** – **balneātor**, -ōris **(m.):** Bademeister – **circumstāre:** ringsum stehen

1 Lies dir den Text zunächst gründlich durch und versuche, den Inhalt zu verstehen. Dann markiere im zweiten Durchgang alle Partizipialformen. Unterscheide dabei farblich Gleichzeitigkeit und Vorzeitigkeit. ❗ PVP-Formen, die zusammen mit einer Form von esse ein Prädikat bilden, brauchst du nicht zu markieren.

2 Verbinde die markierten Partizipien durch einen Pfeil mit ihren Beziehungswörtern (KNG-Regel!).

3 Welches Partizip hat kein Beziehungswort? _____

Welche Wortart vertritt es? → **CG 18.2.6** (am Ende) _____

4 Nun übersetze den Text schriftlich.

caput XIX

51.1 Was passt?

Setze, wenn das Attribut nach der KNG-Kongruenz zum Beziehungswort passt, ein Kreuzchen ganz links in das betreffende Feld und schreibe dann eine sinnvolle Übersetzung des so entstandenen Ausdrucks dazu. → **CG 19.2.1**
❗ Eines der Beziehungswörter kann mit zwei, eines mit drei verschiedenen Attributen kombiniert werden.

Beziehungs-wörter	Attribute					
	gravium	grandia	omne	omnis	prudenti	utiles
verba						
a consule						
praemium						
sententiae						
res						
litterarum						

51.2 Ordnung muss sein

Hier hat jemand Wörter, die alle auf -e enden, einfach auf einen Haufen geworfen.
Kannst du Ordnung machen?
Sortiere die Wörter in die Säcke. → **CG 19.1, 19.2, 19.3.3**

caput XIX

52.1 Saepe confusum

Schülergenerationen haben im Lateinunterricht diese drei Wörter verwechselt. Du auch? → CG 4.1.3; 19.1

1 Übersetze die Sätze.

a) Cur **vis vi vires** huius **viri** provocare? _____

b) Necesse est **viris** nostris **vim** hostium summis **viribus** ab oppido prohibere. _____

2 Welche drei Wörter sind hier schwer auseinanderzuhalten? _____

prōvocāre: herausfordern

K Bedürfnisse eines Philosophen

Der Philosoph Diogenes war für seine Genügsamkeit berühmt. Bei Begegnungen mit den Reichen und Mächtigen dieser Welt konnte er sie unter Beweis stellen.

Alexander, cum forte Corinthum venerat, a multitudine civium regem admirantium salutatus est. Diogenes autem, ille philosophus, qui dolium quasi domum habebat, arbitrabatur illum nondum bene de hominibus meritum esse. Itaque dolium non reliquit. Tum unus ex comitibus ab Alexandro de illo viro interrogatus haec locutus est: „Aliis Diogenes iste philosophus grandis esse videtur, alii de eo ridentes eum vitam canis imitari dicunt." Quam rem admirans Alexander cum Diogene collocutus est. „Dic mihi", inquit, „Diogenes: Quid tibi opus est?" Quibus verbis rex potestatem suam philosopho ostentare voluit.

At Diogenes: „Cede, quaeso, e sole!"

Alexander: Alexander d. Gr., Begründer des makedonischen Weltreiches – **Corinthus:** Korinth (Stadt in Griechenland) – **Diogenēs, -is (m.):** Diogenes, griech. Philosoph – **dōlium:** Tonne – **quasī:** gleichsam als – **bene merērī, -eor, meritus/a sum dē** + Abl.: sich verdient machen um – **alius … alius …:** der eine … der andere … – **canis, -is (m.):** Hund – **admīrārī** + Akk.: sich wundern über – **colloquī:** sich unterhalten – **ostentāre:** (prahlerisch) zur Schau stellen

caput XIX

1 Übersetze die Anekdote.

2 Unterstreiche alle Deponentien im Text. → **CG 19.3.3**

3 Welche Lehre wird dem makedonischen König hier erteilt?

caput XX

53.1 Midas' törichter Wunsch

Der folgende Text ist dir aus dem Buch (S. 136) bekannt. Hier wird die Geschichte teils deutsch, teils lateinisch erzählt.

Midas hatte sich von Bacchus gewünscht, dass alles, was er berührte, zu Gold würde.

a) Deo stultum desiderium dolente *berührte König Midas sofort alle Dinge, die ihn umgaben.*

b) His rebus omnibus in aurum mutatis *hielt er sich für den glücklichsten Menschen der Welt.*

c) Hora cenandi appropinquante *setzte er sich hungrig an den Tisch.*

d) Cibis a servis allatis *griff er zunächst hungrig nach dem Brot.*

e) Pane in aurum mutato *lachte der König noch und verlangte nach Wein.*

f) Vino quoque mutato *bemerkte er die Torheit seines Wunsches.*

g) Manibus ad caelum sublatis *flehte er Bacchus um Hilfe an.*

h) Baccho ignoscente *durfte Midas einen zweiten Wunsch äußern.*

dēsīderium: Wunsch – **pānis, -is (m.):** Brot

1 Markiere Subjekts- und Prädikatswörter in den lateinischen Ablativi absoluti. → **CG 20.1.2**

2 Übersetze die Abl. abs. mit einer passenden Sinnrichtung. → **CG 20.1.4.** ❶ Du kannst vorzeitige passivische Konstruktionen in aktivische Übersetzungen umformen, wenn das im Deutschen natürlicher ist. → **CG 20.1.5**
❶ In Satz g) darfst du das Zeitverhältnis etwas freier behandeln, wenn deine deutsche Konjunktion das erfordert.

caput XX

54.1 Formelhafter Ablativus absolutus

Gib die folgenden Ablativi absoluti mit einer der vorgeschlagenen Übersetzungen aus dem Horreum wieder.

quibus rebus gestis _____   me nolente _____

Deo volente _____   his rebus factis _____

quibus rebus cognitis _____

Tiberio imperatore _____

Camillo duce _____

parentibus vivis _____

Horreum

während meine Eltern noch leb(t)en – danach (2 x) – gegen meinen Willen – nach Erkenntnis der Sachlage – so Gott will – unter der Führung des Camillus – unter der Herrschaft des Tiberius

---

K Der getäuschte Ehemann

Auf der nächsten Seite findest du eine Bildgeschichte.

1 Übersetze die Sätze in den Sprechblasen mündlich.

2 Die Bilder sind durch Bildunterschriften kommentiert. Forme jeweils den Satz a) des Bildkommentars in einen Ablativus absolutus um. Gehe dabei in folgenden Schritten vor: Unterstreiche zuerst Subjekt und Prädikat von a). Setze dann das Subjekt in den Ablativ. Zuletzt bilde vom Prädikat eine Partizipform im Ablativ unter Beachtung des Zeitverhältnisses (→ **CG 20.1.3**) und der NG-Kongruenz. Die restlichen Wörter von a) bleiben unverändert. Nun kannst du deinen neuen Abl. abs. als Satzanfang von b) auf der Schreibzeile eintragen, mit der jeder Satz b) beginnt.

3 Übersetze die so vervollständigten b)-Sätze schriftlich in den Schreibzeilen gleich unter dieser Aufgabe. Achte bei deiner Wiedergabe auf die Sinnrichtungen. → **CG 20.1.4.** ❶ Wenn der deutsche Satz dadurch eleganter wird, kannst du passivische vorzeitige Konstruktionen im Deutschen aktivisch wiedergeben. → **CG 20.1.5**

caput XX

Schon ganz heimwehkrank kommt ein älterer Römer von einer längeren Geschäftsreise zurück.

Tandem domi sum. Marita cara me certe iam exspectat.

a) Res bene gestae sunt. **b)** _____

_____ senex post multos menses domum redit.

Nonne marita adest?

BALNEA VINA CORRVMPVNT CORPORA NOSTRA SED VITAM FACIVNT BALNEA VINA VENVS

a) Dominus ostium pulsat. **b)** _____

_____ nemo aperit.

Attenta es, domina! Maritus ...
Te solum amo et diligo!

a) Adventus mariti nuntiatus est. **b)** _____

_____ tamen mulier amantem adhuc amplectitur.

Vae tibi, scelesta!
Gratias deis ago! Te salvum redisse iuvenis iste mihi modo nuntiavit ...

a) Dominus irascitur. **b)** _____

_____ marita mentitur.

Tace, mulier! Fraudem tuam intellexi!

Quid nunc fit? Pinge!

a) Senex maritae semper confisus est. **b)** _____

_____ pax inter coniuges nunc perdita est.

pulsāre: anklopfen – **adventus, -ūs (m.):** Ankunft – **amāns, -antis (m.):** Geliebter – **amplectī:** umarmen – **scelesta:** Verbrecherin – **grātiās agere:** danken – **iuvenis, -is (m.):** junger Mann – **mentīrī:** lügen – **coniugēs, -um (m.):** Ehepaar – **perdere,** (PVP) **perditum – pingere:** zeichnen

repetitorium XVII–XX

Summa

lat.	dt.	lat.	dt.

Das solltest du jetzt können:

- alle Deklinationsklassen (R 1)
- die Partizipien der Gleichzeitigkeit und der Vorzeitigkeit (XVIII 49.3; XX K; R 2)
- die deutsche Wiedergabe von **Participium coniunctum** und **Ablativus absolutus**: Zeitverhältnisse, Sinnrichtungen; Unterordnung, präpositionaler Ausdruck (XVIII 49.2, XVIII K; XX 53.1, XX 54.1, XX K)
- die Deponentien und Semideponentien (XIX K; R 3, 4)

R 1 Nur Mut!

Wie heißt der Nom. Sg. zu folgenden lat. Wörtern? Trag ihn unter jedem Wort in die Tabelle ein. ❗ Zwei Wörter passen nicht zur Aufgabenstellung. Übersetze in der Schreibzeile, wozu sie dich auffordern: _____

aude	impetum	corporum	civis
diei	itineri	mari	metui
ingentium	pueris	veteris	cantare
re	turris	oppidis	vim

103

repetitorium XVI–XX

R 2 Wo sind die Partizipien?

1. Welche der aufgeführten Verbformen sind Partizipien? Kreuze sie in Spalte A an.

2. Schreibe zu den angekreuzten Formen in Spalte B den Infinitiv der Gleichzeitigkeit Aktiv.

3. Zwei der angekreuzten Formen sind mehrdeutig: Eine kann (außer als Partizip) auch als 2. Ps. Pl. Präs. Akt. aufgefasst werden, die andere auch als 1. Ps. Sg. Perf. Akt. Schreibe diese beiden Formen lateinisch in die Schreibzeilen unter der Tabelle und übersetze sie in ihrer anderen Bedeutung (d. h.: nicht als Partizipien).

Verbform	A	B	Verbform	A	B
accipi			iubetis		
affectis			iussi		
allatis			iussis		
auditis			mitti		
cedentis			petis		
cognitis			proponitis		
currenti			propositis		
ducenti			pulsis		
facientis			erectis		
feci			regitis		
agi			spargenti		

2. Ps. Pl. Präs. Akt.: _____

1. Ps. Sg. Perf. Akt.: _____

R 3 Der Faden der Ariadne

Auf der nächsten Seite stehst du vor einem Labyrinth von Verbformen. Welche 20 Formen sind Deponentien oder Semideponentien? Nur an ihnen entlang darfst du dich fortbewegen. Suche also den richtigen Eingang, und dann folge ihnen durchs Labyrinth wie einst Theseus dem Faden der Ariadne. So kommst du sicher bis zur innersten Zelle, wo der Minotaurus wohnt – und wunderst dich! Trag alle Deponentien und Semideponentien auf deinem Weg in die Tabelle ein und übersetze sie.

repetitorium XVII–XX

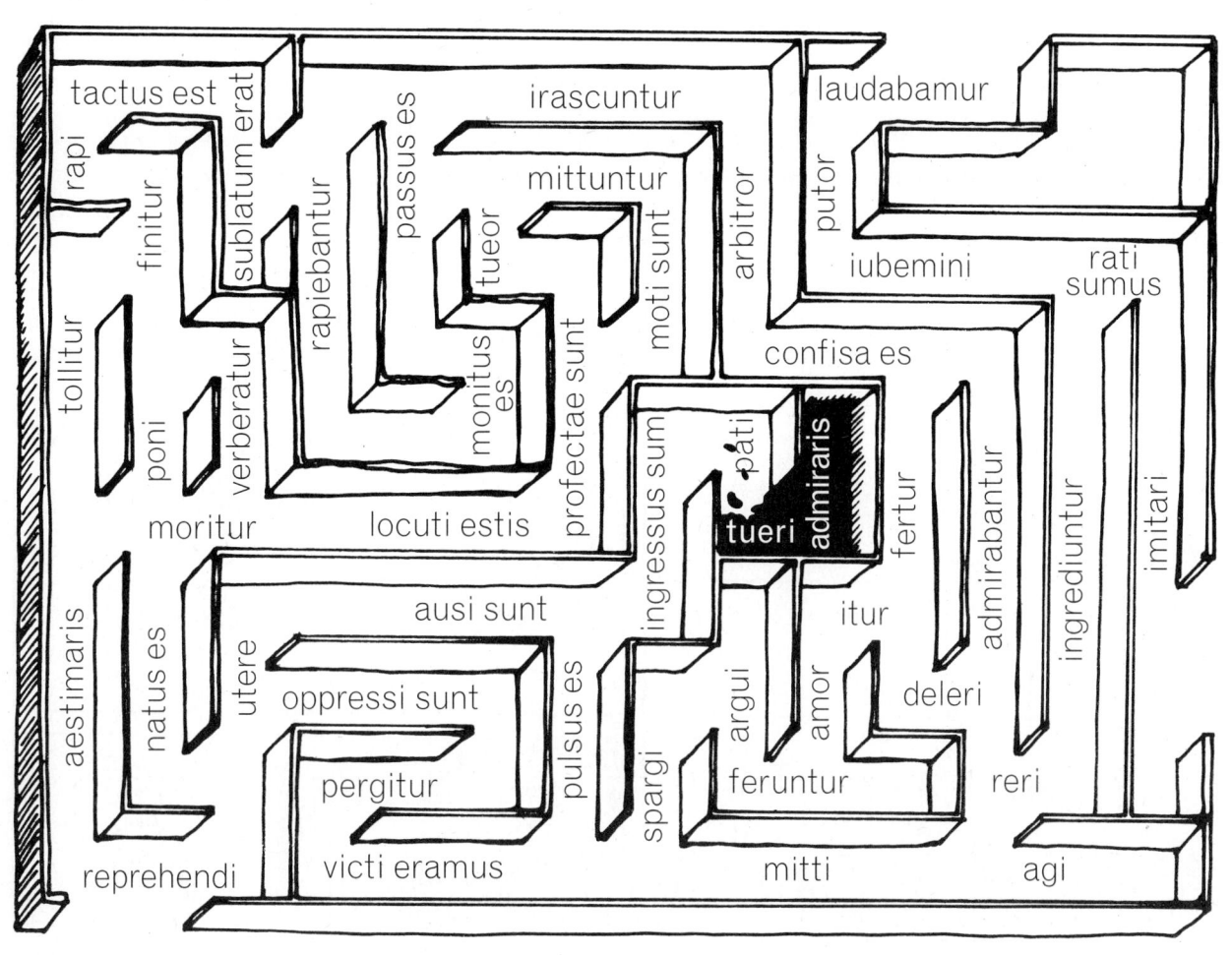

Labyrinth words: tactus est, rapi, finitur, tollitur, sublatum erat, rapiebantur, passus es, irascuntur, mittuntur, laudabamur, poni, verberatur, tueor, monitus es, moti sunt, arbitror, putor, iubemini, rati sumus, profectae sunt, confisa es, moritur, locuti estis, ingressus sum, pati, tueri, admiraris, fertur, aestimaris, natus es, utere, ausi sunt, pulsus es, argui, amor, itur, deleri, admirabantur, ingrediuntur, imitari, oppressi sunt, spargi, feruntur, reri, reprehendi, pergitur, victi eramus, mitti, agi

HIC HABITAT MINOTAVRVS

(Semi-)Deponens	Übersetzung	(Semi-)Deponens	Übersetzung

repetitorium XVI–XX

R 4 Die Einladung

Ein Ubier-Ehepaar im antiken Köln (Colonia Agrippina) bereitet sich auf eine cena bei „echten" Römern vor.

1. Puto me hospitem iucundam esse. Itaque ad cenam vocati sumus.

2. Perge loqui, mea coniunx!

Noli arbitrari homines cultos verba tua stulta pati posse. Proinde pauca tantum loquere!

3. Ego morum Romanorum perita sum. Itaque tibi dico: Omnia admirare! Nuper dominum carmina recitantem imitatus es. Nimis diu ineptias istas iam patiebar.

4. Noli reri te domi esse. Imprimis te haec facere veto: nimium bibere aut edere, uxorem domini semper intueri ... et multa cetera. Iam scis. Iterum ...

Num audes mihi imp ... ?

5. Tace! Interrumpi nolo. Bene memini illius noctis, qua sero domum profecti sumus. Qua ex re saepe iurgia nascuntur. Itaque volo nos domum ...

6. ... domum? Domum diligo, nam domi dominus sum.

---

cultus: fein, gebildet – **tantum:** nur – **recitāre:** vortragen – **ineptiae (pl.):** Dummheiten – **nīmium:** zu viel – **intuērī:** anstarren – **sērō:** zu spät – **iūrgium:** Streit

repetitorium XVII–XX

1 Übersetze den Text in den Sprechblasen. (Gib die Sprecher mit „Er" und „Sie" an.)

2 Markiere im Text die Imperative und trage sie in die Tabelle ein.
3 Verwandle in der Tabelle die Singularformen in Pluralformen.

bejahter Imperativ Sg.	bejahter Imperativ Pl.	verneinter Imperativ Sg.	verneinter Imperativ Pl.

Lösungen

Lösungen caput I

1.1 **1./2./3.**: Die erhöht sitzende/stehende Gruppe: (von links nach rechts) Mārcus Pompōnius Mārcellus (pater familiās), Pūblius und Lūcius, der ältere und der jüngere Sohn der Familie, Tertia und Domitilla, die jüngere und die ältere Tochter, die Mutter Aurēlia (māter familiās) und (stehend) Polybios, einer der beiden griechischen Lehrersklaven und der paedagōgus der beiden Söhne.
Im Vordergrund links: zwei der Sklavinnen (ob Lydia, Corinthia oder Apollōnia, kannst du dir aussuchen) – Afra ist kaum dabei, denn da sie, wie Sklavinnen und Sklaven oft, nach ihrer Herkunft benannt ist, würde sie (als Afrikanerin) wahrscheinlich anders aussehen. Im Vordergrund rechts: die drei Sklaven Dāvus, Syrus und Flāvus.
1.2 **1./2./3.**: *1. Gruppe:* cantāre singen – clāmāre rufen – iūrgāre streiten – interrogāre fragen *2. Gruppe:* rīdēre lachen – respondēre antworten *3. Gruppe:* saevīre wütend sein *4. Gruppe:* lūdere spielen – maledīcere schimpfen
1.3 Iuvat lūdere atque maledīcere. Es macht Spaß zu spielen und zu schimpfen.
1.4 *Geräusche machen:* cantāre, rīdēre, clāmāre, ululāre, saevīre, iūrgāre, dīcere, maledīcere, lūdere – *sich bewegen:* iūrgāre, venīre, lūdere, saevīre – *sich mit Worten äußern:* clāmāre, dīcere, maledīcere, iūrgāre – *außerhalb dieser Gruppen:* decet, iuvat, tacēre
2.1 a) Sie sind fröhlich, b) Er ist beladen. c) Jetzt spielt sie. d) Plötzlich blitzt es. Der jeweils erste Satz nennt bereits das Subjekt, der deutsche Folgesatz nimmt es als Personalpronomen wieder auf. Ausnahme in d): Caelum ist nicht Subjekt des 2. Satzes; „es blitzt" ist wie lateinisches fulget unpersönlich.
2.2 *Substantiv:* frūmentum, puella, servus – *Adjektiv:* inquiētus, laetus, mātūrus, obscūrus, onustus – *Verb:* cantāre, labōrāre, lūdere, maledīcere, venīre – *Fragewort:* cūr, quis, ubī – *andere Wörter:* enim, etiam, iterum, nōn iam, quoque, sed, tandem
2.3 **1.**: *Kreuze in der Tabelle:* Dominus et domina inquiētī sunt / laetī sunt / veniunt. – Caelum obscūrum est. – Frūmentum mātūrum est. – Plaustra onusta sunt / veniunt. – Servī inquiētī sunt / laetī sunt / veniunt / veniunt et labōrant. – Labōrāre nōn iuvat. – Vīlicus maledīcit. – Plaustra onusta sunt / veniunt. – Cūnctī inquiētī sunt / laetī sunt / veniunt / veniunt et labōrant. **2.**: *Sinnvoller zusammenhängender Text:* Fulget! 1. Dominus et domina inquiētī sunt. – 2. Caelum enim obscūrum est et frūmentum mātūrum est. – 3. Tum plaustra veniunt. – 4. Servī quoque veniunt et labōrant. – 5. Labōrāre autem nōn iuvat. – 6. Nunc vīlicus maledīcit. – 7. Tandem plaustra onusta sunt et cūnctī laetī sunt.
K **1.**: lūdunt – cantant – venit – dīcit – ululāre – saevit – clāmat – maledīcere – decet – rīdet – iuvat – venit – tacent – est – maledīcit – dēfessus – fulget – obscūrum
2.: *Übersetzung:* Die Mädchen spielen und singen (dabei). Plötzlich kommt Publius und sagt: „Jaulen gehört sich nicht!" Da ist Domitilla wütend und schreit: „Lästern gehört sich nicht!" Publius lacht: „Im Gegenteil – es macht Spaß zu lästern und zu ..." Domitilla (ruft): „Sieh mal – Polybius kommt!" Domitilla und Publius schweigen, Publius ist beunruhigt. Aber Polybius schimpft nicht: Er ist nämlich erschöpft. Plötzlich blitzt es, der Himmel ist dunkel, dann donnert es. Jetzt lacht Domitilla: „Sieh da – Juppiter schimpft!"
3.: *Subjekte:* Puellae – Pūblius – ululāre – Domitilla – maledīcere – Pūblius – maledīcere – Domitilla – Polybius – Domitilla et Pūblius – Pūblius – Polybius – caelum – Domitilla – Iuppiter. *Prädikate:* lūdunt – cantant – venit – dīcit – decet – saevit – clāmat – decet – rīdet – iuvat – venit – tacent – inquiētus est – maledīcit – dēfessus est – fulget – obscūrum est – tonat – rīdet – maledīcit. *Verben an der Subjektstelle:* (3. Satz) ululāre (decet ululāre) – (5. Satz) maledīcere (decet maledīcere) – (7. Satz) maledīcere (iuvat maledīcere).

Lösungen caput II

4.1 *waagerecht:* ac – -que – et – itaque – neque – sed – tandem – iterum – etiam – nunc *senkrecht:* atque – iam – quoque – statim – autem – subitō – tum – nōndum – enim – deinde
Adverbien der Zeit: tandem – iterum – nunc – iam – statim – subitō – tum – nōndum – deinde
Verknüpfer: ac – -que – et – itaque – neque – sed – etiam – atque – quoque – autem – enim
5.1 1. enim – 3. itaque, enim – 4. et/atque – 5. iterum – 6. subitō/tum/tandem, et/atque – 7. -que
5.2 1. Syrus venīre nōn potest. Plaustrum enim haeret. Itaque Syrus nōndum adest. Rotam petit. – 2. Syrus stultus est. – 3. Ubī sunt instrūmenta? – *nicht in den Text passt:* Iterum fulget.
5.3 *Text A:* iūmenta mūgiunt, nam plaustrum onustum et rota frācta est. Syrus inquiētus est. Caelum enim obscūrum est. Iam fulget. Procul servōs videt et eōs vocat: „Quis mē adiuvāre potest?" Neque servī eum adiuvant, immō rīdent.
Text B: Līberī laetī sunt. Domitilla cantat. Pūblius rīdet. Tum Lūcius accurrit et clāmat: „Quis mēcum lūdere vult?"
K **1.**: *Übersetzung:* Syrus lenkt den Karren und treibt die Ochsen an. Der Karren ist beladen. In der Nähe arbeiten Sklaven und Sklavinnen. Auch Apollonia ist da. Syrus liebt sie, deshalb sieht er Apollonia immer (bewundernd) an.
Plötzlich muhen die Ochsen. Sieh da – der Karren hängt fest. Ein Rad ist nämlich gebrochen. Wer kann Syrus nun helfen? Apollonia eilt sofort herbei, denn sie will sich den Schaden ansehen. Plötzlich lacht sie (los) und nennt Syrus einen Dummkopf (dumm). Deshalb ist Syrus wütend und schimpft: „Es ist nicht in Ordnung zu lachen, zum Donnerwetter!" Schließlich murmelt er: „Apollonia ist nicht mehr meine Freundin."
2.: *Infinitive:* adiuvāre, spectāre, rīdēre; gefordert von den Verben potest, vult, decet
3.: *Wörter im Akkusativ:* plaustrum, iūmenta, eam, servam, Syrum, damnum, Syrum, stultum. Achtung: lateinisches adiuvāre steht mit Akkusativ, deutsches „helfen" aber mit Dativ.

Lösungen caput III

7.1 magister (abecedārius) – itaque (tamen) – eī (puerō) – līberī (librī) – mihī (Pompōniō)
8.1 Tandem Domitilla et Tertia veniunt. – Puellae garriunt. – Magister eās increpat, nam cottīdiē sērō veniunt. – Itaque poena puellis imminet. – Sīc neque līberīs neque magistrō lūdus gaudiō est.
8.2 **1.**: līberī – magister – docet – lūdō intersunt – abecedārius – litterās – scrībit – mōnstrat – reprehendit – laudat – praemium dat – verba – legit – librum – dōnat – fabulās – timent – elementa Graeca – discipulī – linguam Graecam – linguam Latīnam – discunt – salūtant – prōnūntiat – repetit – dēclāmat – somniat – attentus est – verberat – clāmat – dictat – schola
K **1.**: *Übersetzung:* Lampriscus unterrichtet die Kinder täglich. Die nehmen nicht gerne am Unterricht teil. Der Lehrer beschimpft sie nämlich immer. Lampriscus ist ein Grieche. Oft ist er unglücklich. Denn Griechenland ist für ihn die Heimat. Die Heimat gehört aber nicht mehr den Griechen, sondern den Römern. Daher müssen die Griechen ihnen gehorchen. Heute aber ist Lampriscus fröhlich und lobt die Kinder – sie schreiben nämlich griechische Buchstaben. Lampriscus liebt Griechenland. Daher macht es ihm Spaß, das griechische Alphabet zu lehren. Er gibt den Kindern sogar Belohnungen. Tertia ruft laut: „Seht, jetzt habe ich eine Belohnung!"
2./3.: lūdō (nicht wörtlich) – eī (nicht wörtlich) – Graecīs/Rōmānis (wörtlich, ABER: esse = gehören!) – eīs (wörtlich) – eī (wörtlich) – gaudiō (nicht wörtlich) – līberīs (wörtlich) – mihī (nicht wörtlich)

Lösungen caput IV

9.1 **1.**: ol, i, ul, ol, ul, ol, el – **2.**: dēesse, interesse, adesse, (besonderes Kompositum) posse – **3.**: Dativ
9.2 **1.**: Amīcus amīcum adiuvat. – Servī vīlicō pārent. – Timidī cūncta horrent. – Discipulī litterās discunt. – Improbus iūrgāre semper vult. **2.**: Ein Freund hilft seinem Freund. Die Sklaven gehorchen dem Verwalter. Angsthasen haben Angst vor allem/allen Dingen. Schüler lernen die Buchstaben. Ein schlechter Mensch will immer streiten.
10.1 clāmat – audīte – venīte – accurrunt – clāmās – haeret – spectāte – est – possumus – adiuvāre – potestis – āvolāte – petite – apportāte – vocās – labōrant – vocat – veniunt – iuvant – rīdent – saevit – rīdētis – adestis – relinquunt – āvolant – iuvāre – volunt – audīte – apportāre – dēbētis
11.1 *Dativ: waagerecht:* sevērō – odiō – puerō – lūdō – signō – amīcō – dōnō; *senkrecht:* stāgnō – auxiliō *1. Person Singular: waagerecht:* volō – lūdō – vetō – dōnō – vocō – capiō; *senkrecht:* studeō – iuvō – mittō *Adverb: waagerecht:* profectō – quōmodo; *senkrecht:* postremō *Pronomen: senkrecht:* ego *zweimal:* lūdō, dōnō
K **1.**: licet – illūdere – parēre – dēbent – contemnunt – licet – pūnīre – legunt – scrībunt – sunt – vocāre – vīs
2.: *Übersetzung:* Dürfen die Jungen etwa ihren Lehrer verspotten? Müssen sie ihrem Lehrer nicht gehorchen? Warum verachten sie mich? Darf ich sie nicht bestrafen? Wieso schreiben die Jungen weder noch lesen sie? Wo stecken sie jetzt? Willst du sie nicht rufen, Herr? **3.**: quis, quid, cur, ubi, quomodo, num, nonne, quem, cui, -ne?

Lösungen repetitorium I–IV

R 1 **1.**: *Übersetzung:* Der Lehrer sieht die Jungen und sagt (zu) ihnen: „Es gehört sich nicht zu schimpfen. Auch das Streiten ist mir verhasst." Darauf (sagt) Publius zu Lucius: „Polybius tadelt uns immer. Alles verbietet er. Komm, Lucius! Ich will spielen."
2.: Substantive und Eigennamen (Normalfall), Verben (maledīcere, iūrgāre)
3.: *verdecktes Subjekt:* vetat; *Imperativ:* venī; *Vokativ:* Lūcī; *Dativ als PN:* odiō (est)
R 2 exspectō, exspectās, exspectat, exspectāmus, exspectātis, exspectant, exspectā – venīre, venis, venit, venīmus, venītis, veniunt, venīte – rīdēre, rīdeō, rīdet, rīdēmus, rīdētis, rīdē, rīdēte – lūdere, lūdo, lūdis, lūdimus, lūdunt, lūde, lūdite – velle, volō, vult, volumus, vultis – adsum, ades, adest, adsumus, adestis, adsunt, ades
R 3 **1.**: *waagerecht:* quōmodo (wie, auf welche Weise) – num (etwa, vielleicht) – quid (was) – māne (früh) – ea (sie) – aut (oder) – nunc (nun, jetzt) – tum (da, dann) – sed (aber, sondern) – diū (lange (Zeit)) – quis (wer) – eī (ihm, ihr) – illīc (dort) – libenter (gern) – eum (ihn) – prīmum (zuerst) – hodiē (heute) – postrēmō (zuletzt) – prope (in der Nähe) – enim (nämlich, denn) – profectō (tatsächlich) – Dāvus – fortasse (vielleicht)
senkrecht: cūr (warum) – saepe (oft) – quidem (zwar; freilich, jedenfalls) – ac (und) – cui (wem) – immō (im Gegenteil, vielmehr) – semper (immer) – tamen (dennoch, trotzdem) – subitō (plötzlich) – maximē (am meisten) – procul (von weitem) – tam (so)
2.: Eigennamen (Davus)
R 4 Āfra Pompōniīs cēnam parat. – Dominus Dāvō negōtium dat. – Servus dominō vīnum apportāre dēbet. – Dāvus apothēcam petit. – Vīnum dominō et dominae nōn apportat. – Dominus servum increpat.
R 5 adestis, adest, adsum, adsunt, capis, capit, capimus, capiunt, parō, parant, parātis, pāreō, pāres, pārētis, potest, potestis, possum, possunt, comprehendo, comprehendis, comprehendit, comprehendimus, comprehendunt, volō, volunt
R 6 **1.**: *Bild 1:* (puerīsque →) eīsque; (magistrō →) mihi *Bild 2:* (magistrō →) eī; (magistrum →) eum *Bild 4:* (Lampulō →) eī
2.: *wörtlich: Bild 1:* puerīsque dīcit – „und sagt den Jungen" (auch Wiedergabe mit „zu" möglich: s.u.!) *Bild 2:* magistrō nōn pārent – „gehorchen dem Lehrer nicht"; puerīs odiō est – „ist den Jungen verhasst"; magistrō illūdere – „dem Lehrer einen Streich spielen" *Bild 6:* miserō auxiliō venit – „kommt dem Armen zu Hilfe"
mit Präposition: Bild 1: puerīsque dīcit – „und sagt zu den Jungen" (auch wörtliche Wiedergabe möglich: s.o.!); studēte litterīs! – „befasst euch mit den Wissenschaften!"; vitae, nōn magistrō discitis – „ihr lernt für das Leben, nicht für den Lehrer" *Bild 6:* auxiliō venit – „kommt zu Hilfe"
freier: Bild 2: odiō est – „ist verhasst" *Bild 4:* Lampulō negōtia nōn iam sunt – „Lampulus hat keine Aufgaben mehr"

Lösungen caput V

12.1 a) pāret – parat b) docet – decet c) dēbet – decet d) vīdent – rīdent
14.1 I: vernehmen, hören – verlangen – wiederholen – anbauen II: bekommen, erhalten – aufsuchen, gehen zu – wieder aufsuchen, zurückkehren zu – bebauen
15.1 **1.**: ārida – exiguās – misera – iūcundam – māgnum – obscūrum – laetus
2.: *Attribute:* ārida – exiguās – iūcundam – māgnum *Prädikatsnomen:* misera – obscūrum – laetus
15.2 Lucius (II) – Quintus (I) – Pomponius (II) – Sextus (I) – Quintus (I) – Lucius (II) - Sextus (I) – Pomponius (II) – Quintus (I) – Pomponius (II) – Sextus (I)
K **1.**: *Übersetzung:* M. Pomponius erwartet Gäste. Es ist schon Essenszeit. Die Sklaven und Sklavinnen bereiten das Essen zu. Aber wo ist der schlaue Davus? Warum arbeitet er nicht? Zufällig sieht der Verwalter Davus und sagt (zu) ihm: „Davus, hilf sofort den anderen Sklaven!" Davus aber antwortet: „Das kann ich nicht (machen), denn ich muss zum Gut des Postumius Modestus gehen. Der ist noch nicht da." Darauf (sagt) Selenus: „Du bist sowohl faul als auch frech. Du redest immer viel dummes Zeug. Bring dem Herrn sofort eine Amphore Wein!" Davus: „Höre, Selenus..." Selenus: „Los, was willst du (mir) noch sagen?" Da ruft Davus: „Immer gibst du den Unglücklichen und Müden Aufträge, dem Lampriscus aber ..." Der Verwalter fährt ihn an: „Du redest Unsinn. Geh sofort los und gehorche!"
2.: *Attribut:* callidus – cēterīs; *Prädikatsnomen:* piger – improbus; *Substantiv:* multa – stulta – miserīs – dēfessīs

Lösungen caput VI

16.1 nēmō – onerāre – neque – movēre – ubī – locus – tandem – adesse – studium – exiguus – dīligentia – multum – ut – lingua – tam – ūnus – miser Spruch: Nōn multa, sed multum
17.1 **1.**: b) saccīs – c) hōrā prīmā – d) māgnā cum diligentiā – e) cum Davō – f) in agrō
2.: b) womit (instr.) – c) wann (temp.) – d) wie/womit (modi/soc.) – e) mit wem (soc.) – f) wo (loc.) **3.**: Nicht eingepackt wurde der Abl. separativus. **4.**: Zur ersten Stunde belädt Syrus auf dem Feld zusammen mit Davus mit großer Sorgfalt den Karren mit Säcken.
17.2 **1.**: *Übersetzung:* a) Lampriscus hat weder einen Gutshof noch einen Garten. – b) Trotzdem darf er in einem Garten sein und dort griechische Bücher lesen. – c) Lesen macht dem Lehrer großen Spaß. – d) Er ist ein wirklich gelehrter Mann; deshalb ist es seine Aufgabe, die Kinder des Pomponius zu unterrichten. – e) Antworte: Wem gehört der besagte Garten? *(Antwort:)* Hortus dominī/Pompōniī est.
2/3.: a) Lampriscō: Dativ des Besitzers; Lamprīscō est: L. hat – b) in hortō: Ablativ; in hortō esse: sein/sich aufhalten in – c) māgnō gaudiō: Dativ des Zwecks oder der Wirkung; māgnō gaudiō est: macht Spaß – d) vir vērē doctus: Nominativ; est vir vērē doctus:

ist; eius: Genitiv des Besitzers; eius est: es ist seine Aufgabe/Sache – e) cuius: Genitiv des Besitzers; cuius est: wem gehört ...?

18.1 cum – ad – in – sub – ā – cum – ē – cum – dē – sine – prō

18.2 a) eō – ī – īs – eunt – ītis – īre b) fers – ferimus – fer – fertis – ferunt

K **1.:** a) Rūsticus – asinō – equō b) Asinus – saccōs c) Equus – saccīs d) asinus – equō e) Equus – asinum – saccōrum f) equus – asinō g) asinus h) rūsticus – saccōs – asinī i) rūsticus – saccōs j) saccōs – equī

2.: a) Ein Bauer geht mit einem Esel und einem Pferd zum Markt. – b) Der Esel ist vom Alter (von den Jahren) schon geschwächt, dennoch trägt er alle Säcke. – c) Das Pferd aber ist von Säcken frei. – d) Wenig später kann der Esel nicht mehr laufen, bleibt auf der Straße stehen und erbittet Hilfe von dem Pferd. – e) Das Pferd aber beachtet den Esel nicht und nimmt auch nicht die Hälfte der Säcke. – f) Im Gegenteil, das hochmütige Pferd sagt zu dem armen Esel: „Geh weg!“ – g) Plötzlich bricht der Esel zusammen. – h) Deshalb nimmt der Bauer die Säcke vom Rücken des Esels. – i) Trägt der Bauer die Säcke etwa selbst? Keineswegs! – j) Alle Säcke legt er nun auf den Rücken des hochmütigen Pferdes.

Lösungen caput VII

19.1 Simylo→ei, a domino→ab eo, plantas→eas, Simyli→eius, (dominum→eum)

19.2 maestus (Z. 17) – miser (Z. 8) – timidus (Z. 5: = anxius)

20.1 **1.:** *Übersetzung:* Ach, wie betrübt bin ich! Immer wieder geht mein Mann von zu Hause weg und begibt sich nach Rom. Allerdings nicht (gerade) froh lässt er mich und unser Pompeianum zurück: Er hat in Rom viele Geschäfte (zu erledigen). Deshalb muss er verreisen. Ich aber bin zu Hause und muss faulen Sklaven Aufträge erteilen. Traurig sehne ich mich nach meinem Mann und den angenehmen Stunden. Die Kinder aber freuen sich. Sie wollen nämlich in Rom durch die Via Sacra spazieren und sich die Läden und die Rennbahn anschauen. **2.:** laetus – maesta

21.1 procedere – spectare – audire – discere – ludendi – discendi – videndo – audiendo – discendi – videre – agere

21.2 **1.:** Das Bündel ganz rechts. **2.:** *Wo wohnen die Leute?* – Romae, Baiis, in Pompeiano *Woher kommen sie?* – Tarento, domo, Pompeiis *Wohin fahren sie?* – Baias, Tarentum, Romam *Wann fahren sie ab?* – vesperi, horā primā, mane

K **1./2.:** R: „Quis es et unde venis?“ – V: „Vertagus sum, raedarius Pomponii. Pompeiis venio et hodie primum Romae sum.“ – R: „Libenter tibi Romam nostram pulchram monstrare volo.“ – Vertagus iratus dicit: „Molestus mihi es! Quid Roma vestra pulchra ad me attinet? Valde sitio. Potesne mihi tabernam proximam monstrare?“ R: „Certe possum. Semper paratus sum ad iuvandum. Veni mecum, nam nunc est hora bibendi.“

3.: Vertagus iratus dicit. – Er ist an der Verbform der 3. Person zu erkennen.

4.: *Übersetzung:* „Wer bist du und woher kommst du?“ – „Ich bin Vertagus, der Kutscher des Pomponius. Ich komme von Pompeji und bin heute zum ersten Mal in Rom.“ – „Ich möchte dir gern unser schönes Rom zeigen.“ Vertagus sagt zornig: „Du gehst mir auf die Nerven! Was geht mich euer schönes Rom an? Ich bin sehr durstig. Kannst du mir die nächste Kneipe zeigen?“ – „Sicher kann ich (das). Ich bin immer bereit zu helfen (zum Helfen). Komm mit mir, denn jetzt ist die Stunde des Trinkens (die richtige Zeit zum Trinken).“

Lösungen caput VIII

23.1 Zuhörer, Lobredner, Leser, Befreier, Erzähler, Lenker/Leiter, Schreiber/Schriftsteller, Zuschauer; Überlegung, Erwartung, Lobrede, Befreiung, Beschimpfung, Verwandlung, Erzählung, Wiederholung; Glück(seligkeit), Schönheit, Länge, Größe, Menge, Notwendigkeit, Strenge, Würde

24.1 totius urbis – magna voce – civis mortui – tempora antiqua – mores bonos – laudibus summis – civi mortuo – hominibus vivis

25.1 **1.:**

Wort	Nom. Sg.	Bedeutung	Wort	Nom. Sg.	Bedeutung
carmina	carmen	Lied	voce	vox	Stimme
offertis	Verbform	ihr bietet an	imprimis	Adverb	besonders
cives	civis	Bürger	virtute	virtus	Tüchtigkeit
orationi	oratio	Rede	iratis	iratus, -a, -um	erzürnt
tui	tuus / tuum	dein	varium	varius, -a, -um	verschieden
impiis	impius, -a, -um	gottlos	temporibus	tempus	Zeit
morem	mos	Sitte	imperatore	imperator	Feldherr
militum	miles	Soldat	hominem	homo	Mensch
superborum	superbus, -a, -um	stolz	gentium	gens	Volk
uxore	uxor	Gattin	totius	totus, -a, -um	ganz
urbium	urbs	Stadt	viis	via	Weg
partes	pars	Teil	multitudinem	multitudo	Menge

2.: offertis als Verbform und imprimis als Adverb bilden keinen Nominativ.

K **1.:** loca √– tempus √– clamores (√)- viam √

2.:

Zeile im Lektionstext	ausgelassene Textstelle	Satzteil
1/2	et cives ... et servi	Apposition zu „tota urbs“
2	victori	Adjektivattribut zu „imperatori“
3	totius urbis Romae	Genitivattribut zu „forum et viae“ = „loca“
	eorum	Genitivattribut zu „clamoris“
4	longum	Adjektivattribut zu „tempus“
5	longum et senatorum et tubicinum ... et ... onustorum	Adjektivattribut und Genitivattribute zu „agmen“
7	militum victorum	Genitivattribut zu „clamores“
16	Sacram	Adjektivattribut zu „viam“
17	septem montium urbis maxime arduus	Apposition zu „Capitolium“
17/18	victor	Adjektivattribut zu „imperator“

Lösungen repetitorium V–VIII

R 1 **1.:** Polybius weckt morgens streng die Kinder: „Steht auf, Kinder! Euer Vater ist schon lange aus dem Haus. Immer ist er als erster bei der Arbeit (verrichtet seine Aufgaben als erster). Nur die faulen Sklaven des Aurelius drücken sich vor der Arbeit (meiden die A.). Kommt mit mir! Es ist meine Aufgabe, euch viel Interessantes in Rom zu zeigen. Aber ihr müsst meine Worte aufmerksam anhören!“ Gern wollen die neugierigen Kinder Neues – Läden, (Markt-)Plätze und Tempel – anschauen. Aber beim Anschauen zu lernen ist ihnen äußerst verhasst. Deswegen verlassen sie das Haus des Aurelius keineswegs fröhlich.

attributiv: pigri – curiosi – maximo; *prädikativ:* severus – primus – attenti – laeti

2.: *substantivierte Adjektive:* multa – iucunda – nova

3.: (pater) vester: Attribut; (servi pigri) Aurelii: Genitivattribut; meum (est): Prädikatsnomen; (verba) mea: Attribut; (villam) Aurelii: Genitivattribut

R 2

	Lat.	Lat.	Dt.	Dt.
01	appropinquare	discedere	sich nähern	weggehen
02	ante	post	vor	nach
03	bonus	malus	gut	schlecht
04	consistere	ire	stehen bleiben	gehen
05	cum	sine	mit	ohne
06	domo	domum	von zu Hause (her)	nach Hause
07	hic	ibi	hier	dort
08	imperare	pārēre	befehlen	gehorchen
09	imponere	tollere	darauf legen	emporheben
10	laetus	maestus	fröhlich	traurig
11	magnus	parvus	groß	klein
12	mane	vesperi	früh (morgens)	abends
13	noster	vester	unser	euer

Errare humanum est: Irren ist menschlich.

R 3 **1.:** a) Schuldlos zu sein ist ein großer Trost. – b) Mit der Heilkunst kannst du das Schicksal nicht besiegen. – c) Alles ist in Rom mit Geld verbunden (= für Geld zu haben). – d) Menschen prüfen Freundschaften nach ihrem Nutzen. – e) Kein Mensch (= niemand von den Menschen) ist zu jeder Stunde vernünftig. – f) Die Namen von Dummköpfen siehst du an allen Wänden. – g) Wer von euch ist ohne Fehler? – h) Angenehm ist die Erinnerung an gute Taten.

2.: a) culpa (Ablativus separativus) – b) medicina (Abl.instrumenti) – c) Sonderform Romae („in Rom“: Lokativ bei Eigennamen der a-Dekl. Sg.); cum pretio (Abl. sociativus) – d) utilitate (Abl. instr.) – e) hominum (Gen. partitivus); cunctis horis (Abl. temporis) – f) stultorum (Gen. possessivus); in cunctis parietibus (Abl. loci) – g) vestrum (Gen. partitivus mit Sonderform des Personalpronomens d. 2. Ps. Pl.); sine peccato (Abl. sep.) – h) bonorum (Gen. obiectivus)

R 4 **1411** me – **3412** eam – **1421** nos – **3321** eis – **1322** nobis – **1421/1422** nos – **1111** ego – **3522** eis – **3311** ei – **1521** nobiscum – **1321/1322** nobis – **3413** id – **1311** mihi

R 5 **orator bonus** – oratores boni – oratoribus bonis – oratori bono – oratorem bonum – oratores bonos – oratoribus bonis – oratore bono – oratoris boni – oratorum bonorum **hominum malorum** – hominis mali – homo malus – homines mali – hominibus malis – homini malo – hominem malum – homines malos – hominibus malis – homine malo **voce magna** – vocibus magnis – vocibus magnis – voci magnae – vox magna – voces magnae – voces magnas – vocem magnam – vocis magnae – vocum magnarum **tempora antiqua** – tempus antiquum – tempore antiquo – temporibus antiquis – temporum antiquorum – temporis antiqui – tempori antiquo – temporibus antiquis – tempora antiqua – tempus antiquum

R 6 1. Magnum imperium nobis est. Wir haben ein großes Reich. PN nobis: Dativ

2. Gentes superbas vincere nostrorum militum est. Hochmütige Völker zu besiegen ist die Aufgabe unserer Soldaten. PN nostrorum militum: Genitiv

3. Nos terrarum domini sumus. Wir sind die Herren der Welt (*wörtl.:* der Länder). PN domini (terrarum): Nominativ

4. Tempora antiqua magno in honore sunt. Die alten Zeiten stehen (*wörtl.:* sind) in hohem Ansehen. PN magno in honore: Ablativ

5. Virtutes maiorum nobis auxilio sunt. Die Tugenden unserer Vorfahren sind uns eine Hilfe. PN auxilio: Dativ

R 7 **1.:** eundo: Sie sind vom Gehen erschöpft. ad requiescendum: Sie suchen einen zum Ausruhen geeigneten Platz. in currendo: Ein Junge stößt Publius beim Laufen beinahe um. discendi causa: Mein Vater hat mich nach Rom geschickt, damit ich lerne.

2.: *Woher?* Como; *wo?* Romae, Comi, domi, ubique, in parvo municipio, in urbe magna; *wohin?* Romam

3.:

Woher?	Wo?	Wohin?
Roma	Romae	Romam
Como	Comi	Comum
domo	domi	domum

Lösungen caput IX

26.1 **1.:** Wiedergabe mit deutschem Genitiv („Freund des röm. Volkes, Gesandter der Römer, König der Gallier“) oder durch einen deutschen Ausdruck mit Präposition („Sieger über die Römer“)

2. u. 3.: homo impius / improbus (Z.15/16: „Iniqua pondera adhibuisti“) – rex Gallorum (Z.6/7: rex autem dixit; Z.11: Romani regi paruerunt; Z.17: rex saevus) – victor Romanorum (Z.1/2: legiones Romanas vicit; Z.8: „Nos Galli legiones vestras vicimus“)

26.2 *Typ 1 (wörtlich):* abire „weggehen“; advenire „ankommen“; advocare „herbeirufen“; inesse „drinnen/in etwas sein“; procedere „vor(an)gehen“ *Typ 2 (neue Bedeutung):* adesse + Dat. „helfen“; illudere „verspotten, einen Streich spielen“; prohibere „fern halten, hindern“; proponere „sich vornehmen, versprechen“; repetere „wiederholen“ *Typ 3 (wie Grundwort):* interrogare „fragen“; adiuvare „helfen“

27.1 vinc- / cēp- / adici- / fūg- / movē- / intellex- / ag- / relīqu- / dēfici- / vīd- / venī- / lēg- / accipi- / fēc- . „intellegere“ passt nicht in die Tabelle: Es bildet kein Dehnungs-, sondern ein s-Perfekt.

27.2 *waagerecht:* 1: invasit 2: fuerunt 3: pependit 4: petivi 5: complevisti 6: valuit 7: respondit 8: vendidimus 9: probavi 10: solvistis 11: nescivit 12: misi

senkrecht: Veni, vidi, vici – Ich kam, sah und siegte.

K **1.:** *Übersetzung:* In alten Zeiten gehorchten wir Gallier den Römern noch nicht. Irgendwann einmal gingen unseren Leuten wegen der Menge der Menschen (wegen der Überbevölkerung) die Nahrungsmittel aus. Daher verlangte König Brennus, einer unserer hochberühmten Vorfahren, Äcker (Ackerland) von den Clusinern. Die Clusiner jedoch gaben das Land nicht her, vielmehr schickten sie Gesandte nach Rom. Dann ergriffen die Gesandten der Römer sogar die Waffen gegen uns (griffen uns an) und verletzten so das Völkerrecht. Daher fiel König Brennus mit vielen Soldaten in Rom ein. Er besiegte die römischen Legionen und bekam vom römischen Volk viel Gold und Silber. Brennus aber sagte (zu) den Römern: „Wehe euch! Ihr habt noch nicht genug Gold und Silber gegeben, Römer!“

2.: Nicht mit deutschem Genitiv können wiedergegeben werden: multum auri argentique „viel Gold und Silber“ und satis auri argentique „genug Gold und Silber“ – beide Genitivus partitivus

Lösungen

Lösungen caput X

28.1 1b: Die Gesandten des Prusias erwähnten Hannibal, als sie zufällig einmal bei T. Qu. Flamininus speisten. – 2d: Die Römer sagten: „Hannibal wird uns nachstellen, solange er lebt." – 3a: Prusias musste Hannibal ausliefern, weil er ein Freund des römischen Volkes war. – 4c: Hannibal erwartete die römischen Soldaten schon lange, weil er die Treulosigkeit des Königs genau kannte.

28.2 dimitt-, excess-, aspex-, surrex-, sumps- lud-, lēg-, reg-
„legere" passt nicht in diese Tabelle, da es ein Dehnungsperfekt, kein s-Perfekt bildet.

29.1 aqua – litus – sitire – flumen – stagnum – natare – bibere – unda – pons

29.2 **1.:** mit 19 Schritten
2.: effugerunt: effugiunt – sumpsit: sumit – successit: succedit – obierunt: obeunt – interfecisti: interficis – vicimus: vincimus – obisse: obire – rettulit: refert – cepit: capit – respondit: respondet – constitit: consistit – diripuit: diripit – perdidit: perdit – poposcit: poscit – reddidi: reddo – misimus: mittimus – tulit: fert – flexit: flectit – placuit: placet
3.: *keine Verbformen:* proximus, ibi, nimis, ceteri

29.3 *1. Ps. Sg. Präs.:* ascendo – solvo – accurro *entsprechende Präsensformen der übrigen Verbformen:* respondet – ferimus – movemus – deponunt – venitis – tacent – potes

K **1.:** in alto – iis – puero parvo – eius tergo – timorem delphini – in undas – cum delphino – ad litus – miraculum
2.: Wenn die Jungen im offenen Meer schwammen, begegnete ihnen (*Imperfekt:* regelmäßig) ein Delphin. Einmal folgte er einem kleinen Jungen, und der Junge sprang auf seinen Rücken, nachdem er seine Angst vor dem Delphin abgelegt hatte. Seitdem sprang der Junge täglich in die Wellen und spielte mit dem Delphin. Die Menschen strömten am Strand zusammen, weil sie das Wunder sehen wollten.

Lösungen caput XI

30.1 **1.:** *Übersetzung:* Irgendwann einmal drang Odysseus auf seinen Irrfahrten in die Höhle Polyphems ein, der (nur) ein (einziges) Auge auf der Stirn hatte. Nachdem Polyphem nach Hause zurückgekehrt war, fand er Odysseus und seine Begleiter, obwohl sie in der Höhle gut verborgen waren. Sofort fing er einen von ihnen und verschlang ihn. Während die Gefährten ängstlich sein elendes Schicksal beweinten, bot Odysseus, ihr Führer, Polyphem Wein an, den er bei sich hatte (*wörtl.:* bei sich trug). Der (= Polyphem) aber sagte, nachdem er getrunken hatte: „Sag mir deinen Namen!" Odysseus antwortete ihm: „Ich heiße Niemand." Wenig später, während Polyphem, voll von Wein (= betrunken) schlief, verletzte Odysseus mit einem Pfahl sein Auge und rettete so sich und die Seinen (= seine Leute).
Possessivpronomina: Ulixem eiusque comites – fortunam eius miseram – Ulixes, eorum dux – nomen tuum – oculum eius – se suosque
sonstige besitzanzeigende Ausdrücke: antrum Polyphemi: Genitiv des Besitzers (Gen. possessivus); cui unus oculus in fronte erat: Dativ des Besitzers (Dat. possessivus)
2.: eiusque → Ulixem; eius → unum; eorum → comites; tuum → Ulixes; eius → Polyphemus; suosque → Ulixes **3.:** suos: die Seinen **4.:** Ulixes in erroribus: Odysseus auf seinen Irrfahrten **5.:** „Während die Gefährten ängstlich **ihr** Schicksal beweinten...": ihr eigenes **6.:** Wenn Polyphem um Hilfe schreit, weil „Niemand" ihn bedroht, wird ihn keiner ernst nehmen.

31.1 **1.:** 1. ubi – 2. unde – 3. quo – 4. quae – 5. quid – 6. quomodo – 7. cur – 8. quo – 9. qui / cuius – 10. quis
2.: Aurelius: Frage 3, 4, 6, 9, 10; seine Frau: 1, 2, 5, 7, 8

31.2 **1. u. 2.:** a) Itaque Romani ... senatorem ... ad Pyrrhum regem miserunt, qui Romanum ... accepit.
Daher schickten die Römer den Senator C. Fabricius wegen Friedensverhandlungen zu König Pyrrhus, der den Römer gastfreundlich aufnahm.
b) Quin etiam dona ad senatorem misit, quae C. Fabricius recusavit. Ja, er schickte ihm sogar Geschenke, die C. Fabricius (jedoch) zurückwies.
c) Itaque ceteri Romani, quibuscum C. Fabricius ad Pyrrhum venerat, senatorem probum nominaverunt. Deshalb bezeichneten die übrigen Römer, mit denen C. F. zu Pyrrhus gekommen war, den Senator als anständig.
d) Dixerunt: „Rex famam Fabricii laedere voluit, cuius mores nobis iam diu noti sunt." Sie sagten: „Der König wollte den guten Ruf des Fabricius, dessen Charakter uns schon lange bekannt ist, schädigen."

32.1 atque, quamquam, ibi, itaque, quoque, postquam, autem, neque, enim, ubi (die unterstrichenen Wörter können Gliedsätze einleiten)

32.2 fuisse – tulisse – referre – adesse – abstulisse – abesse

K **1.:** Während ich Falerii belagerte, kam ein griechischer Sklave zu mir, der täglich seine Schüler aufs (Übungs-)feld führte – er war nämlich der Lehrer der faliskischen Jungen. Er sagte (zu) mir: „Da schau, ich liefere dir Falerii mit diesen Kindern aus." Doch ich sagte: „Dein verbrecherisches Geschenk nehme ich nicht an. Denn immer hat das römische Volk seine Feinde durch seine eigene Tapferkeit besiegt. Ich bin weder der Anführer von verbrecherischen Soldaten noch ein Mann aus einem verbrecherischen Volk. Wir haben Rechte sowohl des Friedens als auch des Krieges, die ich gewissenhaft *(doppelte Verneinung bewirkt eine verstärkt positive Aussage)* beachte(n will). Ich will die Stadt und ihre Einwohner mit den Waffen, aber nicht mit Betrug besiegen." Nachdem ich so den Sklaven beschimpft hatte, gab ich den Jungen Ruten, mit denen sie ihren eigenen Lehrer verprügelten.
2.: (der eigentliche Ausdruck der Zugehörigkeit ist in dieser Lösung markiert durch **Fettdruck**; der „Besitzer" ist unterstrichen): magister **puerorum Faliscorum** – munus **tuum** (servus Graecus/magister) – **sua** virtute (populus Romanus) – dux **militum scelestorum** – homo **gentis scelestae** – **sunt nobis** – **pacis et belli** iura – **eius**que incolas (urbem) – magistrum **suum** (pueris)
3.: Bei reflexivem suus, -a, -um ist der „Besitzer", auf den zurückverwiesen wird, gleichzeitig Subjekt des Satzes. (Dass das auch für den Relativsatz am Ende des Textes gilt, sieht man an der Personalendung des Prädikats: -nt → sie → pueri)

Lösungen caput XII

34.1 **1.:** Es war an dieser erwähnten Kirche eine Inschrift, die den Erbauer eben dieser Kirche (= dieser erwähnten Kirche) nannte und deren letzte Worte „Kaiser Karl" waren. Im selben Jahr, in dem Kaiser Karl starb, waren die Buchstaben, die das Wort „Kaiser" ausdrückten, nicht mehr zu sehen.
2.: *Fall a:* in eadem basilica – eiusdem basilicae; *Fall b:* eodem anno

34.2 dicit – ambulare – discere – debemus – docet – duxit – reliquimus – erat – monstravit – habebat – conveniunt – neglexit – deficiebat – dixit – fuimus – reprehendit – redieramus – diligo

35.1 **1.:** irgendwo – irgendwohin – irgendwoher **2.:** wann? **3.:** Dass sie zum Zeitpunkt der Tat „anderswo" waren.

35.2 loca alta – aedificiorum – ignem – sibi – campos – suos – senes – vicinorum – magnum spatium – opus est – auxilio

35.3 a) munus – murus b) monte – mente c) mensis – mentis d) cede – cade

K **1.:** quae (ea) – quae (flammas) – quorum (aedificia) – qui (homines) – quod / quae (ohne Beziehungswort) – quae (bona)
2.: „O Tiberius, das, was wir gesehen haben, hat uns sehr erschreckt. Wir haben eine große Katastrophe erlitten, weil der Brand fast alle Wohnbezirke Roms zerstört hat. Wir versuchten mit größtem Einsatz (*wörtl.:* Eifer), die Flammen zu löschen, die viele Menschen, sowohl reiche als auch arme, getötet haben. Die Gebäude, deren Mauern eingestürzt waren, behinderten uns sehr. Oft schloss das Feuer die Menschen ein, die durch die Straßen liefen, und tötete sie so. Wir haben sogar gesehen, was du nicht glauben wirst (= Dinge gesehen, die du nicht ...): Einige Menschen plünderten das Hab und Gut, das andere in den Gebäuden zurückgelassen hatten."

Lösungen repetitorium IX–XII

R 1 **1.:** cum – dum – nisi – postquam – quamquam – qui – quod – si – ubi – ut
2.: dum („während") steht im Lateinischen immer mit Präsens, auch wenn die Umgebung des dum-Satzes zum Zeitfeld Vergangenheit gehört; im dt. „während"-Satz steht bei Vergangenheitsumgebung Präteritum. Lateinisches postquam steht im Zeitfeld Vergangenheit trotz Vorzeitigkeit mit Perfekt, dt. „nachdem" mit Plusquamperfekt.

R 2 **1.:** Marcus grüßt seine Aurelia. Niemals bist du so lange von Pompeji weg gewesen. Wie (sehr) vermisse ich dich! Aus welchem Grund? Erstens, weil ich dich liebe, zweitens, weil ich nicht gern von dir getrennt bin. Nachts kann ich nicht schlafen, weil ich dich vor Augen habe. Tagsüber tragen mich in Stunden, die ich immer mit dir verbrachte, meine Füße zu deinem Ruhezimmer, das ich bald darauf traurig verlasse. Nur zu der Zeit (*wörtl.:* zu dem Zeitpunkt als dem einzigen) bin ich nicht betrübt, in der ich mit Freunden auf dem Forum bin. Was ist das für ein Leben für mich (was für ein Leben habe ich), der ich Ruhe in der Arbeit suche(n muss)? Lebe wohl!
2. u. 3.: *Rel. Pron.:* quas → horis; quam → diaetam; quo → tempore; qui → mihi. *Interrogativpronomen:* qua → causa; quae → vita **4.:** Ein *Fragepronomen* kann das quod nicht sein, weil keine Fragen gestellt werden (kein Fragezeichen!) und weil es als adjektivisches Interrogativpronomen (das substantivische wäre quid) ein Beziehungswort in KNG-Kongruenz haben müsste: Es hat aber keines.
Ein *Relativpronomen* kann das quod nicht sein, weil es als Nominativ oder Akkusativ Sg. Ntr. dann Subjekt oder Akkusativobjekt in den quod-Sätzen sein müsste. Diese Satzteile sind aber schon anders „gefüllt" (Subj. in allen drei quod-Sätzen „ich", Akk.-Obj. im 1. u. 3. quod-Satz „dich") oder passen nicht zum Prädikat (2. quod-Satz: absum kann sich nicht mit einem Akk.-Obj. verbinden). *Folgerung:* Das quod muss die nebensatzeinleitende Konjunktion „weil" sein und antwortet auf die Frage qua de causa.

R 3 praetulit – poposcistis – volui – collegit – tetigerunt – terrui – incendi
Lösungswort: tollere

R 4 impedire – censere – servare – oppugnare – iacēre – merere – negare

R 5 *dare* (perdere, perdo, perdidi; reddere, reddo, reddidi) – *legere* (colligere, colligo, collegi) – *iacere* (adicere, adicio, adieci) – *facere* (deficere, deficio, defeci; interficere, interficio, interfeci) – *ferre* (auferre, aufero, a**bs**tuli; referre, refero, re**tt**uli) – *ire, eo, ii* (obire, obeo, obii; inire, ineo, inii) – *capere* (accipere, accipio, accepi; incipere, incipio, incepi / **coepi**) – *esse* (abesse, absum, afui; posse, possum, potui) – *regere* (su**rg**ere, su**rg**o, surrexi)

R 6 ea (factio, cui): Vorausverweiser auf Relativs. – eorum (clamorem): Possessivpron. – eum/ eos/ eum/ is/ ei: Personalpron.

R 7 **1.:** *nicht Bestandteil eines Verbs:* senex, pax
2.: dux: du**c**-ere; vix: vi**v**-ere; flex: fle**ct**-ere; neglex: negle**g**-ere; aspex: aspi**ce**-re; exstinx: exstin**gu**-ere; intellex: intelle**g**-ere; iunx: iun**g**-ere; rex: re**g**-ere; dix: di**c**-ere
3.: *auch Substantive:* dux – rex; *auch Adverb:* vix

Lösungen caput XIII

36.1 **1. u. 2.:** a) Homo ille: Der Mensch da drüben (dort) – istud garrire: euer Gequatsche b) hi viri: diese Männer (hier) c) huic theatro: in diesem Theater (hier) d) illi homines: die Leute da hinten (dort) e) has sedes: unsere Plätze (hier) f) ista, quae: das (Zeug da), was – illum hominem: jenen Mann (dort) – istud garrire: dein Gequatsche

37.1 3, 5, 6, 8, 10, 11, 12, 19, 20, 21, 22, 25, 26, 29 (Der richtige Weinkrug hat also nur *einen* Henkel.)

37.2 a) Pater sponsae cunctos propinquos amicosque invitat. b) Sponsa mentem suam bene probat. Sponsa tunicam albam induit. Sponsa anulum gerit. d) Propinqui dona tradunt. Propinqui bibunt et cenant usque ad multam noctem. e) Amici marito maritaeque carminibus illudunt.

K **1.:** *Messenio:* Wenn ich nicht irre, sind dies(e) hier Zwillingsbrüder! – Ich will meinen Herrn rufen. *(ruft)* Menaechmus!
Men. I u. II alle beide: Was willst du?
Messenio: Ich will nicht beide (sprechen), sondern den, dessen Sklave ich bin.
Men. I: Das bin ich nicht.
Men. II: Aber ich.
Messenio: Dich will ich (sprechen). Komm (näher heran)!
Men. II: Was ist? Was willst du?
Messenio: Der Mann dort (drüben) ist dein Zwillingsbruder, wie ich glaube!
Men. II: Mein Gott! Dieser (Mann) ist mein Bruder? Woher weißt du das?
Messenio: Alles passt gut zusammen. *(zu Men. I:)* Hör zu, Menaechmus, wie viele Jahre warst du alt, als dein Vater dich von zu Hause mitnahm?
Men. I: Sieben Jahre war ich alt.
Messenio: Wie viele Söhne hatte dein Vater?
Men. I: Zwei; ich hatte einen Bruder. Wir waren Zwillingsbrüder.
Messenio: Sag mir: Hatten beide den gleichen (= nur einen einzigen) Namen?
Men. I.: Keineswegs! Denn ich hatte den Namen, den ich jetzt (auch) habe. Den anderen nannten meine Eltern damals Sosicles.
Men. II: Ich kann nicht länger schweigen: Sei gegrüßt, mein Zwillingsbruder! Ich bin Sosicles!

Lösungen caput XIV

38.1 1 minimus – 2 tenere – 3 sex – 4 iubere – 5 centum – 6 nomen – 7 latus – 8 miles – 9 tergum – 10 iussit – 11 videre – 12 nauta – 13 scribere – 14 scire – 15 octo
Lösungswort: M. Terentius Varro

39.1 **1. u. 2.:** Domitilla sententias Varronis recitare non vult. – Domitilla imperata Polybi neglegere vult. – Domitilla carmina Homeri nunc recitare vult. Tertia Domitillam sententias Varronis recitare vult (AcI). – Tertia cum Domitilla ludere vult. Tertia et amica cum Domitilla ludere volunt. – Tertia et amica Domitillam imperata Polybi neglegere nolunt (AcI). Polybius Domitillam sententias Varronis recitare vult (AcI). – Polybius Domitillam carmina Homeri nunc recitare non vult (AcI).

40.1 **1. u. 2.:** a) Titus putat amicos (suos) vix pedibus stetisse. Titus glaubt, dass seine Freunde kaum (noch) auf ihren Füßen stehen konnten.
b) Tamen cuncti dixerunt se usque ad multam noctem saltavisse. Trotzdem sagten alle, dass sie bis tief in die Nacht hinein getanzt hätten.

c) Titus narravit se sponsam e gremio matris rapuisse. Titus erzählte, dass er seine Braut vom Schoß ihrer Mutter geraubt habe.
d) Rufilla adhuc dolet se matrem reliquisse. Rufilla empfindet immer noch Schmerz darüber, dass sie ihre Mutter verlassen hat. **3.:** b) sie (Plural) – c) er – d) sie (Femininum Singular)
40.2 a) V.IX = VI.X – b) CIV.I = CI.VI – c) V.ID.I = VI.DI – d) DIX.I = DI.XI – e)VENI, VI.DI, VI.CI
K **1.:** Von Odysseus (lat.: Ulixes, vgl. in caput XI, Übung 30.1)
2.: Domitilla liest, dass der König der griechischen Insel Ithaca in alten Zeiten zehn Jahre lang mit seinen Kameraden durch die Wogen (= über das Meer) geirrt ist/sei und viele Gefahren bestanden hat/habe. Sie erzählt ihrer Schwester, dass jene Männer mit vielen Gegnern gekämpft und sie fast immer besiegt haben/hätten. Es stehe aber fest, dass heute die Männer nicht mehr gleich(viel) wert seien. Sie selbst glaube, dass die Männer heute alle verweichlicht seien. Die Schwester hört ihren Worten aufmerksam zu, kennt aber den Namen jenes Königs nicht und schweigt (daher).
3.: Durch den Konjunktiv. (In unserer Musterübersetzung ist das immer die Version hinter dem Schrägstrich. In den *abhängigen Inhaltssätzen mit „dass"* hast du die freie Wahl, ob du Konjunktiv oder Indikativ setzen willst. „Es stehe aber fest" und „Sie selbst glaube" sind jedoch *Hauptsätze* der indirekten Rede und können daher nur im Konjunktiv stehen, weil man anders ihren „abhängigen" Charakter gar nicht erkennen würde. Wenn von solchen konjunktivischen Hauptsätzen der indirekten Rede außerdem Nebensätze abhängig sind, sollten auch sie im Konjunktiv bleiben.)

Lösungen caput XV

42.1 **1.:** a) aqua frigida, aqua calida – b) a magistris, a patribus – c) timore, ab iis – d) erste Lücke frei; ab iis
2.: a) Die Kinder der Germanen baden (waschen sich) in kaltem Wasser, unsere dagegen können sich mit warmem Wasser waschen. – b) Bei uns werden die Kinder von Lehrern, bei jenen von ihren Vätern unterrichtet. – c) Glaubt nicht, dass die Germanen durch Furcht vom Kampf abgehalten werden (dass sich die Germanen durch Furcht vom Kampf abhalten lassen) und wir von ihnen niemals besiegt werden können. – d) Bei den Germanen wird bis tief in die Nacht gegessen und getrunken (isst und trinkt man ...); unsere Zivilisation und Bildung wird von ihnen keineswegs geschätzt.
42.2 non vultis – cucurri – posueramus – quaeris – cecideras – debeo – tetenderamus – timent; concidunt – ostendisti – bibebat – rapuisse – constat/consistit – tenueramus – tradidisti
43.1 *Begrüßung:* bene valeo – quid agis? – salve! – ut vales? *Abschied:* vale(te)! *Entschuldigung:* ignosce, quaeso! *erste Begegnung:* quis es? – quod nomen tibi est? – unde venis? *Zustimmung:* est, ut dicis – hoc mihi placet – iam intellego – sic est *Ablehnung:* ita non est – nolo hoc credere – non credo *Drohung:* abite! – cede rus! – vae vobis! *Verärgerung:* cur me rogas? – quid clamas? – quid me increpas? – quid ad me? – tace!
K (1) MR: „Ich will nach Trier auswandern. Denn ich glaube, dass dort viele Waren in großen Speichern gelagert werden. Sie werden aus den entlegensten Teilen der Welt (= des Erdkreises) dort eingeführt, nicht nur für die Menschen, sondern auch für uns Mäuse. Aber sieh mal – da kommt mein Bruder!" (2) Fr: „Warum willst du nach Trier auswandern, (mein) Bruder? Merke dir (= behalte in Erinnerung): Wo es einem gut geht, dort ist die Heimat. In Trier lebt man nicht gut. Denn ich weiß, dass man in den Gegenden dort viele Monate lang die Sonne nicht sieht. Aber ich sehe schon: Ich kann dich nicht zurückhalten. Leb' also wohl, (mein) Bruder!" (3) MR: „Wie freue ich mich, jetzt in Trier zu sein! Endlich bin ich frei von allen Sorgen! (4) Weil mein Bruder mir gesagt hat, dass die Sonne sich hier viele Monate nicht zeigt, will ich mir zuerst eine Wohnung suchen." (5) MG: „Hau ab! Geh weg von der Tür! Diese Wohnung gehört mir!" – MR: „Was brüllst du mich (so) an? Ich war der Ansicht, dass die germanischen Mäuse großzügig sind/seien. Über ihr Leben und ihre Gewohnheiten erzählt man sich nur Gutes. Ach! Keine Tür öffnet sich für mich Unglücklichen! Was nun?"

Lösungen caput XVI

44.1 trah**i**tur – propo**n**itur – iuben**t**ur – trad**e**ris – appel**l**or – de**l**entur – negl**e**ctor – ve**x**amur – cap**i**mini. *Lösungswort:* intellexi
45.1 **1.:** a) auditum esse – b) territos esse – c) interfectum esse – d) inventam esse – e) sepultum esse – f) pulsum esse
2.: a) Einige erzählten, dort sei nur manchmal mitten in der Nacht der Klang von Eisen gehört worden. – b) Andere meinten, die Bewohner jenes Hauses seien oft von irgendeinem Gespenst erschreckt worden. – c) Einige sagten, ein gewisser Philosoph sei von dem Gespenst sogar getötet worden. – d) Seine Kleidung sei im Garten gefunden worden. – e) Unter ihnen stand fest, dass der Leichnam des Philosophen an einem geheimen Ort begraben (worden) sei. – f) Aber ein Nachbar schrieb seinem Freund, das Gespenst sei im Gegenteil von dem Philosophen vertrieben worden.
45.2 **da-**/ded-/**dat-, exstingu-/exstīnx-**/exstīnct-, **indu-**/indu-/**indūt-, vend-**/vendid-/**vendit-**, affer-/**attul-/allāt-, capi-**/cēp-/**capt-**, pell-/**pepul-/puls-, vincī-/ vīnx-**/vīnct-, **prōpōn-**/prōposu-/**prōposit-, dēlectā-/dēlectāv-**/dēlectāt-
K **1.:** Eine Schar von Sklaven wurde durch die Straßen der Stadt geführt. Die Gespräche jener Menschen wurden von den Mädchen (mit)gehört: „Wo bist du gefangen worden, mein Freund?" „Ich bin in den Wäldern Germaniens gefangen worden." „Wie heißt du?" „Von den Römern werde ich Flavus genannt. Aber dieser Name ist mir verhasst. Zu Hause wurde ich nämlich Arminius gerufen." „Wo hast du die lateinische Sprache gelernt?" „Bei meinem ersten Herrn habe ich die Sprache der Feinde gelernt. Aber er verlor sein Vermögen; und so wurde ich an diesen Menschen da verkauft, der uns gerade zum Forum führt." „Weißt du (überhaupt), dass du einen großen Wert hast? Du kannst nämlich Latein." „Und wo hast du Latein gelernt?" „Ich bin Römer und war Bauer. Da ich meinen Pachtzins nicht bezahlen konnte, wurde ich von meinem Herrn in die Sklaverei verkauft." Da sagte Polybius zu den Mädchen: „Manche Herren sind wirklich ungerecht!"
2.: *mit* esse *zusammengesetzte Passivprädikate des Perfektstamms:* captus es – captus sum – vocatus sum – venditus sum – datus sum
sonstige mit esse *zusammengesetzten Prädikate:* odio est – magno pretio esse – peritus es – Romanus sum – rusticus fui – iniqui sunt
3.: odio (Subst./Dat. finalis) – magno pretio (Subst. mit Adj.-Attribut/Abl. der Wertangabe) – peritus (Adj./Nom.) – Romanus (Subst./Nom.) – rusticus (Subst./Nom.) – iniqui (Adj./Nom.)

Lösungen repetitorium XIII–XVI

R1 **1.:** Publius unterhält sich mit seinen Freunden. Da (fragt) einer von seinen Kameraden: „Was kannst du Neues über Architektur erzählen, Publius?" Publius (antwortet): „Vor kurzem habe ich ein großes Rad gesehen. Wer von euch weiß, dass Steine von großem Gewicht von einem Kran emporgehoben werden können? Ich für meine Person habe in der Bibliothek meines Vaters die Bücher des Vitruv gelesen, die von Architektur handeln. Kommt mit mir zum Tempel des Apollon und schaut euch die Sklaven an, die in dem Rad arbeiten. Ich werde bewegt von (ich empfinde) Mitleid mit ihnen, weil sie das Rad treten müssen." Da (sagt) ein anderer Kamerad: „Hab kein Mitleid mit den Sklaven, Publius! Es ist die Aufgabe von Sklaven zu arbeiten."
2.: *Eigenschaft:* (lapides) magni ponderis *Besitz/Zugehörigkeit/Aufgabe:* (bibliotheca) patris, Vitruvii (libros), (templum) Apollinis, servorum (est: Gen. poss. als Prädikatsnomen) *Teilung:* (quid) novi, (quis) vestrum *Objekt:* (misericordia) illorum, servorum (misericordia)
R 2 **1. u. 2.:** *Beispiele für sinnvolle Sätze:*
– Pomponii raeda (equis, nave) Ostiam vehuntur. Die Pomponii fahren mit der Kutsche (reiten auf Pferden, fahren mit dem Schiff/machen eine Seereise) nach Ostia. *(intransitiv)*
– Vinum navibus in ultimas terras vehitur. Der Wein wird auf Schiffen in die entlegensten Länder transportiert/befördert. *(wörtlich: echte Passivwiedergabe)*
– Vinum plaustro Ostiam vehitur. Der Wein wird auf dem Karren nach Ostia gefahren. *(wörtlich: echte Passivwiedergabe)*
– Europa puella in tergo tauri in Cretam vehitur. Das Mädchen Europa wird auf dem Rücken des Stieres nach Creta gebracht. *(wörtlich: echte Passivwiedergabe)*/ lässt sich ... bringen. *(freiere mediale Wiedergabe: reflexiv, zusätzlich hier mit „lassen")*
– Naves undis ad litora orbis terrarum vehuntur. Die Schiffe fahren auf den Wogen an die Küsten des Erdkreises. *(intransitiv)*
R 3 **1.:** amari – duci – geri – liberari – reddi – regi – tolli – vehi – videri
2.: *Substantive:* duci – liberi – regi – urbi, *davon zweideutig:* duci, regi
R 4 **1.:** Ich habe gehört, dass ein (bestimmter) Kaufmann immer mit Wenigem zufrieden gewesen sei. Nichts außer Gesundheit verlangte er für sich. Trotzdem sei er von Sorgen gequält worden, sagen die Leute. Denn er wollte seine Tochter mit einem braven Mann verheiraten. Deshalb war es notwendig, sie mit einer Mitgift auszustatten. Da – so habe ich gehört – habe ein Freund des Kaufmanns gleichsam wie ein zweiter Vater diesem Mädchen viel Geld gegeben und so den richtigen Vater von seinen Sorgen befreit. Denn tatsächlich wurde die Tochter von jenem Mann geheiratet.
2.: *AcI-Auslöser:* audivi – dicunt – necesse fuit – accepi
3.: mercatorem – contentum fuisse; eum – vexatum esse; eam – ornari; amicum – dedisse et liberavisse
4.: *Inf. d. Gleichzeitigkeit im AcI:* ornari; *Inf. d. Vorzeitigkeit im AcI:* fuisse – vexatum esse – dedisse – liberavisse

Lösungen caput XVII

46.1 **1.:** *Dativus possessivus:* maioribus nostris – *Dativus finalis:* perniciei, saluti
2.: qui → patrem; qui → Poenos
3.: Quod semper memoria teneo: quod fasst den Inhalt des ganzen vorhergehenden Satzes zusammen.
46.2 **1.:** *Gemeinsamkeiten:* Nom. Sg. -s; Dat. Sg. -i; Akk. Sg. -m; Gen Sg. -um
2.: *Besonderheiten:* Nom. Sg.: eg**o**, qu**i**, serv**a**; Dat. Sg.: serva**e**; Akk. Sg.: m**e**
46.3 **1.:** Impetus magnos exercituum barbaricorum cum manu parva commilitonum paucorum a re publica civibusque Romanis prohibui. Die quodam commilitones timidos virtute mea e pernicie certa servavi.
2.: Ich habe die heftigen (großen) Angriffe fremder Heere mit einer kleinen Schar (nur) weniger Kameraden vom Staat und von den römischen Bürgern ferngehalten. Eines Tages habe ich die ängstlichen Kameraden durch meine Tapferkeit vor dem sicheren Untergang bewahrt.
47.1 exigui: Nom. Pl., Gen. Sg. (exiguus) – manui: Dat. Sg. (manus) – exercui: 1. Ps. Sg. Perf. Akt. (exercēre) – exstingui: Inf. GZ Pass. (exstinguere) – mortui: Nom Pl., Gen. Sg. (mortuus) – metui: Dat. Sg. (metus), Inf. GZ Pass. (metuere), 1. Ps. Sg. Perf. Akt. (metuere) – tui: Nom. Pl., Gen. Sg. (tuus) – vacui: Nom. Pl., Gen. Sg. (vacuus)
47.2 sceleris – numeri – totius – metus – salutis. „sumus" ist Verbform („wir sind")
K **1.:** die: Form bereits vollständig – exercitu**s** – impetu**m** – re**s** – pernicie**m** – die**bus** – equitatu**i** – re**i** – e pernicie: Form bereits vollständig – sine metu: Form bereits vollständig – exercitu**m**
2.: An einem bestimmten Tag war unser Heer unterwegs zum Lager, als plötzlich aus dunklen Wäldern die Feinde einen großen Angriff auf unsere Leute machten. Unsere Sache war in großer Gefahr: Die Germanen drangen nämlich von allen Seiten mit vielen Soldaten auf unsere Leute ein ... – ich habe den Untergang der Legionen des Varus heute noch vor Augen. Mein Onkel persönlich hatte in jenen Tagen das Kommando über unsere Reiterei. Er feuerte die Kameraden an: „Soldaten! Niemals haben wir irgendeinen Feind geschont. Immer haben wir unserem Gemeinwesen genützt. Heute kann uns nichts außer unserer Tapferkeit vor dem Untergang retten. Greift mit mir zusammen die Feinde ohne Furcht an!" Wir kämpften mit höchster Tapferkeit, dennoch besiegten die Germanen unser Heer. Ich aber wurde gerettet.
3.: *Abl. loci:* magno in periculo – *Abl. temp.:* quodam die, illis diebus – *Abl. instr./modi/soc.:* multis cum militibus, mecum, summa virtute – *Abl. sep.:* ex silvis obscuris, e pernicie, sine metu
4.: in der sogenannten „Schlacht im Teutoburger Wald" – von der man nach neuen Funden heute annimmt, dass sie in Wirklichkeit in der Nähe von Osnabrück stattgefunden hat.

Lösungen caput XVIII

49.1 a) Lampriscus ist ein gelehrter Sklave. (Adj.) – Lucius wurde von Lampriscus unterrichtet. (Part.) b) Das ist von dir gut gemacht worden (Part.) – Wer kennt nicht deine Taten? (Subst.) c) Der Fluss ist breit. (Adj.) – Das Getreide wurde in die Scheune gebracht. (Part.) d) Mein Bett ist klein. (Subst.) – Das Buch ist schon von vielen gelesen worden. (Part.) e) Was du gesagt hast, ist nicht richtig. (Adj.) – Der Karren ist von Syrus schlecht gelenkt worden. (Part.)
49.2 a) Menschen dürfen das Heißbad nicht betreten, wenn sie essen. b) Die Jungen übergaben Polybius ihre Kleider, nachdem sie sie im Umkleideraum ausgezogen hatten. c) Weil die Kinder das Warmbad mit ihrem Geschrei erfüllten, waren sie den übrigen Leuten lästig. d) Einer der Sklaven erwischte einen Mann, während er die Kleider raubte. e) Obwohl Lucius kaltes Wasser verabscheute, betrat er das Kaltbald.
49.3 a) Miles hostem fugientem interfecit. – b) Romani populis victis pepercerunt. – c) Dominus servos rotam pedibus calcantes incitat. – d) Rustici in ranas mutati tamen deae maledicere perrexerunt. – e) Infantes clamantes e theatro ducti sunt.
K **1.:** *GZ:* ludentes – lavantes – sitientibus – edentes – vacantes – monens – circumstantes – habenti. *VZ:* vincti
2.: ludentes/lavantes → homines; sitientibus: kein Beziehungswort; edentes → alii; vacantes → homines; vincti → viri; monens → balneator; circumstantes → homines; habenti → mihi
3.: sitientibus. Das Partizip vertritt ein Substantiv (ist substantiviert).
4.: Viele Menschen amüsierten sich in den Thermen beim Spielen und Baden (indem sie (dort) spielten und badeten). Durstigen boten Händler Wein oder Wasser an. Andere vertrieben ihren Hunger, indem sie Speisen verzehrten. Aber wo Menschen fröhlich und frei von Sorgen trinken, spielen und essen, dort sind Diebe nicht weit. Tatsächlich schrie

Lösungen

plötzlich jemand: „Helft mir! Hier sind Diebe! Sie haben mir schon mein Geld gestohlen." Kurz darauf wurden zwei Männer in Fesseln (gefesselt) aus den Thermen (ab)geführt. Mahnend (warnend) sagte der Bademeister zu den Menschen: „Passt auf! Es gibt vielleicht noch weitere Diebe unter den Leuten, die hier ringsum stehen. Glaubt nicht, dass jetzt die übrigen (Diebe) sich vom Stehlen abhalten lassen." Einer von den Leuten aber sagte: „Was können mir, der ich kein Geld besitze, die Diebe (schon) klauen?" und ging fröhlich ins Wasser.

Lösungen caput XIX

51.1 verba grandia: groß(artig)e Worte – a consule prudenti: von dem klugen Konsul – praemium omne: die ganze Belohnung – sententiae omnis (Gen. Sg.): des ganzen Satzes – sententiae prudenti (Dat. Sg.): dem klugen Satz/der klugen Äußerung – sententiae utiles (Nom. Pl.): nützliche Sätze/Sprüche/Äußerungen – res omnis: die ganze Sache – res utiles: nützliche Dinge – litterarum gravium: des gewichtigen Briefs/der bedeutenden Wissenschaft

51.2 *Nominative/Akkusative:* utile – grave – omne – mare; *Ablative:* arbore – itinere – latere; *Adverbien:* longē – pulchrē; *Imperative:* admirare – loquere; *Infinitive:* latēre.

52.1 1.: a) Warum willst du mit Gewalt die Kräfte dieses Mannes herausfordern? – b) Unsere Männer müssen mit allen (höchsten) Kräften die Gewalt der Feinde von der Stadt fernhalten. **2.:** velle – vir – vis

K 1.: Als Alexander zufällig einmal nach Korinth gekommen war, wurde er von einer Menge Bürger begrüßt, die den König bewunderten. Aber Diogenes, jener (berühmte) Philosoph, der eine Tonne gleichsam als Haus bewohnte, war der Meinung, jener habe sich noch nicht um die Menschen verdient gemacht. Daher verließ er seine Tonne nicht. Da sagte einer von den Hofleuten (von den Begleitern), (als er) von Alexander zu jenem Mann befragt (worden war): „Den einen scheint dieser Diogenes da ein großartiger Philosoph zu sein, andere sagen, er ahme das Leben eines Hundes nach, wobei sie über ihn lachen." Alexander wunderte sich darüber und unterhielt sich mit Diogenes: „Sag mir", sprach er, „Diogenes: Was brauchst du?" Mit diesen Worten wollte der König (aber nur) seine Macht vor dem Philosophen zur Schau stellen. Doch Diogenes (antwortete nur): „Geh mir bitte aus der Sonne!"

2.: admirantium – arbitrabatur – meritum esse – locutus est – imitari – admirans – collocutus est

3.: Dass Diogenes an nichts interessiert ist, was Alexander verschenken könnte. Reichtum und Macht bedeuten ihm nichts. Er ist glücklicher mit dem Leben, das er jetzt führt.

Lösungen caput XX

53.1 1.: a) deo – dolente; b) his rebus omnibus – mutatis; c) hora – appropinquante; d) cibis – allatis; e) pane – mutato; f) vino – mutato; g) manibus – sublatis; h) Baccho – ignoscente

2.: a) obwohl der Gott den törichten Wunsch bedauerte; b) nachdem/weil/als sich alle diese Dinge in Gold verwandelt hatten; c) als die Essenszeit kam; d) nachdem/als die Speisen von Sklaven serviert worden waren; e) nachdem/als das Brot sich in Gold verwandelt hatte; f) als auch der Wein sich verwandelt hatte; g) indem er seine Hände zum Himmel streckte (*wörtl.:* nachdem/als seine Hände ... gestreckt worden waren); h) weil Bacchus (ihm) verzieh

54.1 danach – gegen meinen Willen – so Gott will – danach – nach Erkenntnis der Sachlage – unter der Herrschaft des Tiberius – unter der Führung des Camillus – während meine Eltern noch leb(t)en

K 1.: (1) *(Ehemann:)* Endlich bin ich zu Hause. Meine liebe Frau wartet sicher schon auf mich.
(2) *(Ehemann:)* Ist meine Frau nicht da? *(Graffito:)* Bäder, Wein, Liebe richten unsere Körper (= uns) zugrunde. Aber das Leben machen (aus): Bäder, Wein, Liebe.)
(3) *(Sklave:)* Pass auf, Herrin! Dein Mann ... *(Frau zum Geliebten:)* Ich liebe und schätze nur dich allein.
(4) *(Ehemann:)* Weh dir, Verbrecherin! *(Frau:)* Ich danke den Göttern! Der junge Mann da hat mir gerade gemeldet, dass du heil zurückgekommen bist ...
(5) *(Ehemann:)* Sei still, Frau! Ich habe deinen Betrug durchschaut!

2.: rebus bene gestis – domino ostium pulsante – adventu mariti nuntiato – domino irascente – sene maritae semper confiso

3.: Nachdem er seine Geschäfte erfolgreich erledigt hat, kehrt der ältere Mann nach vielen Monaten nach Hause zurück. Obwohl der Herr an die Tür klopft, öffnet (ihm) niemand. Obwohl die Ankunft ihres Ehemanns gemeldet worden ist, umarmt die Ehefrau ihren Geliebten immer noch. Weil der Herr zornig wird, lügt seine Frau. Weil der ältere Mann seiner Frau immer vertraut hat, ist der Frieden zwischen den Ehepartnern jetzt zerstört.

Lösungen repetitorium XVII–XX

R 1 Da nur Nomina Kasus bilden können, passen die Verbformen aude und cantare nicht zur Aufgabenstellung. Aude cantare: Wage zu singen.
Alle übrigen Wörter im Nom. Sg.: impetus – corpus – civis – dies – iter – mare – metus – ingens – puer – vetus – res – turris – oppidum – vis

R 2 1. u. 2.: affectis – afficere, allatis – afferre, auditis – audire, cedentis – cedere, cognitis – cognoscere, currenti – currere, ducenti – ducere, facientis – facere, iussi – iubere, iussis – iubere, propositis – proponere, pulsis – pellere, erectis – erigere, spargenti – spargere

3.: *2. Ps. Pl. Präs. Akt.:* auditis – ihr hört; *1. Ps. Sg. Perf. Akt.:* iussi – ich habe befohlen

R 3

(Semi-)Deponens	Übersetzung	(Semi-)Deponens	Übersetzung
imitari	nachahmen	profecti sunt	sie brachen auf
rati sumus	wir glaubten	locuti estis	ihr spracht
ingrediuntur	sie gehen hinein	moritur	er / sie stirbt
reri	glauben	natus es	du wurdest geboren
admirabantur	sie wunderten sich	utere	verwende!
confisa es	du vertrautest	ausi sunt	sie wagten
arbitror	ich glaube	ingressus sum	ich ging hinein
irascuntur	sie zürnen	pati	hinnehmen
passus es	du nahmst hin	tueri	schauen
tueor	ich schaue	admiraris	du wunderst dich

R 4 1.: (1) *(Sie:)* Ich glaube, dass ich ein reizender Gast bin. Deshalb sind wir zu einem Gastmahl eingeladen worden.
(2) *(Sie:)* Glaub' nicht, dass gebildete Leute dein dummes Gerede ertragen können. Daher sprich nur wenig! *(Er:)* Sprich nur weiter, meine Gemahlin!
(3) *(Sie:)* Ich kenne mich mit den Gebräuchen der Römer aus. Daher sage ich dir: Bewundere alles! Neulich hast du den Hausherrn nachgeäfft, während er Gedichte vortrug. Allzu lange schon habe ich deine Dummheiten ertragen.

(4) *(Sie:)* Glaub' nicht, dass du zu Hause bist. Vor allem verbiete ich dir, Folgendes zu tun: zu viel zu trinken und zu essen, die Frau des Hausherrn ständig anzustarren ... und vieles andere. Du weißt schon (Bescheid). Noch einmal... *(Er:)* Wagst du es etwa, mir Vorschriften...?
(5) *(Sie:)* Sei still! Ich will nicht unterbrochen werden. Ich erinnere mich gut an jene Nacht, in der wir zu spät nach Hause aufgebrochen sind. Aus so etwas entsteht oft Streit. Deshalb möchte ich, dass wir rechtzeitig heim ...
(6) *(Er:)* ... heim? Mein Heim liebe ich, denn daheim bin ich der Herr.

2./3.: *bejahte Imperative:* loquere (Pl. loquimini), perge (Pl. pergite), admirare (Pl. admiramini), tace (Pl. tacete); *verneinte Imperative:* noli arbitrari (Pl. nolite arbitrari), noli reri (Pl. nolite reri)

OSTIA ALTERA

9 783126 271707

1. Auflage   A 1   6 5 4 3 | 2007 2006 2005 2004

Dieses Werk folgt der reformierten Rechtschreibung und Zeichensetzung. Ausnahmen bilden Texte, bei denen lizenzrechtliche Gründe einer Änderung entgegenstehen.

Alle Drucke dieser Auflage können im Unterricht nebeneinander benutzt werden, sie sind untereinander unverändert. Die letzte Zahl bezeichnet das Jahr dieses Druckes.

© Ernst Klett Schulbuchverlag Leipzig GmbH, Leipzig 2001
Alle Rechte vorbehalten.
Internetadresse: http://www.klett-verlag.de

Redaktion: Regine Becker

Umschlagentwurf: Regine Bauer
Illustrationen: Susann Hesselbarth, Leipzig
Bildnachweis:
Schülercomic S. 12: Benjamin Friedrich; Fotos S. 14/15: Gunter Voigt
Satz: Ernst Klett Schulbuchverlag Leipzig GmbH, Leipzig
Druck: Druckerei Gutmann, Heilbronn

ISBN 3-12-627170-7